Directrice de l'édition
Diane De Santis

Directrice de la production
Danielle Latendresse

Directrice de la coordination
Sylvie Richard

Chargée de projet
Nicole Beaugrand Champagne

Réviseure linguistique
Monique La Grenade

Correction d'épreuves
Marie Théorêt

Collaboration à la rédaction
Nicole Beaugrand Champagne

Conception et réalisation graphique
Matteau Parent graphisme et communications inc.
Mélanie Chalifour
Ocelot communication (réalisation graphique)

Réalisation des cartes
Claude Bernard

Illustrateurs
Nancy Boivin (pages 8-9, 42-43, 78-79, 108-109)
Franfou
Irina Pusztai

Illustration de la page couverture
Irina Pusztai

Consultants scientifiques
Alain Beaulieu, professeur au
Département d'histoire, Université
du Québec à Montréal
Anne-Catherine Lafaille, consultante
en histoire

Consultantes pédagogiques
Annie Bergeron, École des Quatre-Vents,
C. S. Marie-Victorin
Charlotte Larochelle, École des Pionniers,
C. S. des Découvreurs
Margot Rousseau, École Saint-Mathieu,
C. S. des Découvreurs

Dans cet ouvrage, la féminisation des textes et des titres de fonctions est conforme aux règles d'écriture proposées par l'Office de la langue française dans le guide *Au féminin*, Les publications du Québec, 1991.

Les Éditions CEC inc. remercient le gouvernement du Québec de l'aide financière accordée à l'édition de cet ouvrage par l'entremise du Programme de crédit d'impôt pour l'édition de livres, administré par la SODEC.

© 2004, Les Éditions CEC inc.
8101, boul. Métropolitain Est
Anjou (Québec) H1J 1J9

Dépôt légal : 3e trimestre 2004
Bibliothèque nationale du Québec
Bibliothèque nationale du Canada

ISBN 2-7617-2228-0

Imprimé au Canada
2   3   4   5   08   07   06   05

Abréviations utilisées
ANC : Archives nationales du Canada
BNQ : Bibliothèque nationale du Québec
DWAF : Département des Eaux et Forêts d'Afrique du Sud
STM : Société de transport de Montréal

Géographie, histoire et éducation à la citoyenneté

Voyages

3ᵉ cycle du primaire

Manuel B

Gaëtan Jean
Virginie Martel

LES ÉDITIONS
CEC
QUEBECOR MEDIA

8101, boul. Métropolitain Est, Anjou (Québec) Canada H1J 1J9
Téléphone : (514) 351-6010 • Télécopieur : (514) 351-3534

Table des matières

La collection **Voyages** s'articule autour d'un fil conducteur qui sert de toile de fond à toute sa structure. Les élèves sont ainsi transportés dans les diverses sociétés à l'étude à bord d'une machine à voyager dans l'espace et dans le temps.

La collection propose deux manuels pour le cycle. Chacun des manuels comporte trois sections.

Section 1

QUATRE ESCALES

Chaque escale forme une unité d'apprentissage dans laquelle est ancré le projet. Chacune des escales s'articule autour de la démarche d'apprentissage en trois temps et toutes les escales sont structurées de la même façon.

Phase de préparation

L'enseignante ou l'enseignant situe la société à l'étude. Une double page illustrée permet à l'élève de prendre un premier contact avec la société qu'il va visiter. Puis, sur la double page suivante, l'enfant-guide de l'escale se présente, met en contexte le voyage à venir et amorce le projet à réaliser.

La phase de préparation se termine par la section GUIDE DE VOYAGE qui présente à l'élève le territoire occupé par la société qu'il s'apprête à découvrir. Une carte géographique thématique grand format ferme cette section. En cours d'escale, l'élève sera régulièrement invité à consulter cette carte.

Phase de réalisation

Les trois dossiers fournissent toute l'information nécessaire, présentée en blocs de texte courant et en rubriques pour enrichir et soutenir les apprentissages.

Chaque dossier se termine par la page **Fais le point** où l'élève est invité à organiser ses nouvelles connaissances et à faire une halte dans la conduite de son projet.

Discute et prends position
Une rubrique dédiée à l'éducation à la citoyenneté.

Va plus loin
Une activité facultative pour permettre aux élèves qui le désirent de poursuivre leurs découvertes.

Phase d'intégration

Chaque escale se termine par deux activités :

- L'achèvement et la présentation du projet
- Le bilan du développement des compétences disciplinaires

142

Section 2

« COMPÉTENCES POUR VOYAGER »

Les Compétences pour voyager sont des outils pédagogiques pour aider les élèves à développer les compétences disciplinaires au fil des activités.

152

Section 3

« OUTILS POUR VOYAGER »

Les Outils pour voyager sont des ressources pédagogiques nécessaires à l'utilisation des techniques liées à l'histoire et la géographie.

Lis cette bande dessinée. Comment se forme un gouvernement dans la province de Québec ? Selon toi, quel est le rôle d'un député ?

La CARTE DE VOYAGE de 1905 illustre les centres de production d'électricité au début du 20ᵉ siècle.

ENCADRÉS-TÂCHES et ENCADRÉS GUIDE DE VOYAGE

Les encadrés-tâches indiquent aux élèves un travail de réflexion, d'observation ou de comparaison à réaliser. Les encadrés GUIDE DE VOYAGE permettent aux élèves d'explorer le territoire de la société à l'étude.

SAVAIS-TU...
En 1948, l'Organisation des Nations Unies adopte la Déclaration universelle des droits de l'homme.

SAVAIS-TU...

Ces encadrés proposent de l'information historique ou géographique supplémentaire.

Rappel
Au 19ᵉ siècle, de nombreuses familles du Québec produisent elles-mêmes leur nourriture et fabriquent leurs vêtements en « étoffe du pays ».

RAPPEL

Ces courts encadrés rappellent à l'élève des notions historiques déjà étudiées.

Dossier spécial

DOSSIER SPÉCIAL

On trouve un dossier spécial par escale. Il présente de l'information supplémentaire en lien avec la thématique de l'escale.

HÉRITAGE
Depuis les années 1960, Hydro-Québec développe une grande expertise technologique.

HÉRITAGE

Ces rubriques présentent les éléments de continuité avec le présent.

VUE D'AILLEURS
Le 12 avril 1981, la navette spatiale *Columbia* décolle du Centre spatial Kennedy en Floride.

VUE D'AILLEURS

Ces rubriques présentent des situations ou des événements historiques prévalant ailleurs dans le monde à la même époque.

En bref
■ Depuis le début de la Révolution tranquille, l'État québécois prend en charge le réseau de la santé et les services sociaux offerts à la population.

EN BREF

Les « EN BREF » terminent chacun des dossiers. Ils permettent de synthétiser l'information essentielle contenue dans le dossier.

GLOSSAIRE

La définition de certains mots moins connus des élèves apparaît en rouge dans la marge. Ces définitions sont reprises dans l'ordre alphabétique à la fin du manuel.

Charte : loi ou règle fondamentale qui protège des droits.

Une machine à voyager dans le temps

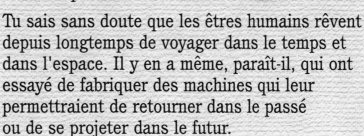

Bonjour! Je me présente. Je suis professeur, inventeur, scientifique, bricoleur et passionné du temps et de l'espace.

Tu sais sans doute que les êtres humains rêvent depuis longtemps de voyager dans le temps et dans l'espace. Il y en a même, paraît-il, qui ont essayé de fabriquer des machines qui leur permettraient de retourner dans le passé ou de se projeter dans le futur.

Après des années d'efforts et de persévérance, et je dois le dire quelques tentatives manquées, j'ai enfin réussi à créer une machine unique qui me permettra de me déplacer à la fois dans l'espace et dans le temps. La construction de ma machine est maintenant terminée et, crois-le ou non, elle fonctionne! C'est donc avec grand plaisir que je t'invite à un voyage unique à travers l'espace et le temps.

Embarque! Nous partons pour un voyage fantastique qui nous fera découvrir des paysages inconnus. Nous rencontrerons des hommes et des femmes qui ont vécu il y a très longtemps. Bon voyage!

Escale ❶

Un siècle en mouvement

L'automobile d'oncle
Aristide en 1908

Ma tante Gaby est allée à Gaspé en avion.

Nöella Payette à l'hôpital avec
Sœur Thérèse

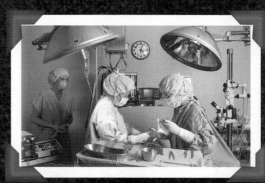

La salle d'opération où maman travaille.

La classe de Joseph Gravel
en 1910

La classe de chant
de Denise Gravel en 1940

1500
Voyages chez les Amérindiens

1645   Voyages en Nouvelle-France   1745

1500 | 1501   1600 | 1601   1700 | 1701

M. Lévesque, M. Lesage
et M. Gérin-Lajoie en 1960

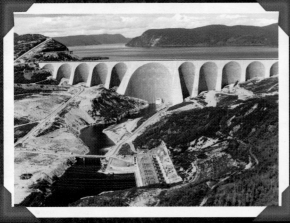

Le barrage de Manic 5

La classe de Claire Gravel en 1979

Et c'est reparti! La machine à voyager dans le temps et l'espace est prête. Pour notre première escale, nous allons effectuer un saut de 75 ans en arrière. Il faudra bien s'attacher, car nous allons traverser une zone plutôt turbulente. La société québécoise de 1900 est sur le point de vivre des bouleversements profonds qui changeront son visage à tout jamais.

Vers 1980, le territoire du Québec s'est agrandi. La province fait toujours partie du Canada. Le mode de vie de la population a beaucoup changé. La province de Québec est entrée de plain-pied dans la modernité.

Je connais une jeune fille qui pourra te faire découvrir les événements et les personnages qui sont à l'origine de ces bouleversements. Elle s'appelle Isabelle Gervais. Avec elle, nous allons survoler un siècle d'orages et de tonnerre!

1820	Voyages au Canada	**1905**	Voyages au Québec	**1980**	
1800	1801	1900	1901	2000	2001

Bonjour! Je suis heureuse de t'accueillir chez moi. Je m'appelle Isabelle Gervais et j'ai 13 ans. J'habite à Longueuil, une ville de la banlieue de Montréal. C'est plus tranquille que la grande ville. Mes parents sont venus s'installer ici vers 1970. J'étais encore un bébé.

Aujourd'hui, en 1980, mes parents ne vivent plus ensemble. Je demeure avec ma mère, mon frère et ma sœur, mais nous allons souvent chez mon père. Ce n'est pas toujours facile, car il est retourné habiter à Montréal.

Dans ma famille, il existe un grand album qui est transmis de génération en génération depuis le début du 20e siècle. Au fil des années, les membres de la famille y ont inscrit des réflexions, des événements importants. Ils ont collé des coupures de journaux, des photos, des notes, etc. Chaque génération y a ajouté quelque chose. Aujourd'hui, c'est ma mère qui l'a en sa possession. Elle l'appelle son « Journal du siècle », et souvent elle nous le prête à nous les enfants. C'est comme un vrai livre d'histoire! C'est incroyable tout ce qui est arrivé au 20e siècle! Il y a eu deux guerres mondiales, une grande crise économique, une Révolution tranquille! La société québécoise de 1980 est vraiment différente de celle de 1900!

Viens lire avec moi ce « Journal du siècle », cela t'aidera à comprendre tous ces changements. Et ce sera plus facile aussi pour toi de construire ton propre « Journal du siècle ».

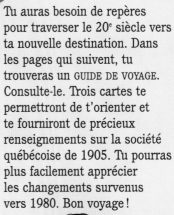

Projet de voyage

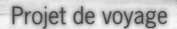

En équipe, élaborez un journal illustrant les personnages et les événements marquants de 1900 à 1980. Cet ensemble de textes et d'illustrations devra expliquer les changements survenus dans la province de Québec durant cette période. Chacun et chacune pourrait s'impliquer personnellement en écrivant son propre article.

Avec l'aide de votre enseignant ou de votre enseignante, déterminez la forme de votre journal et trouvez un titre original !

Allez voir à la page 160 les étapes à suivre pour réaliser un projet.

Tu auras besoin de repères pour traverser le 20ᵉ siècle vers ta nouvelle destination. Dans les pages qui suivent, tu trouveras un GUIDE DE VOYAGE. Consulte-le. Trois cartes te permettront de t'orienter et te fourniront de précieux renseignements sur la société québécoise de 1905. Tu pourras plus facilement apprécier les changements survenus vers 1980. Bon voyage !

Le territoire québécois en 1900

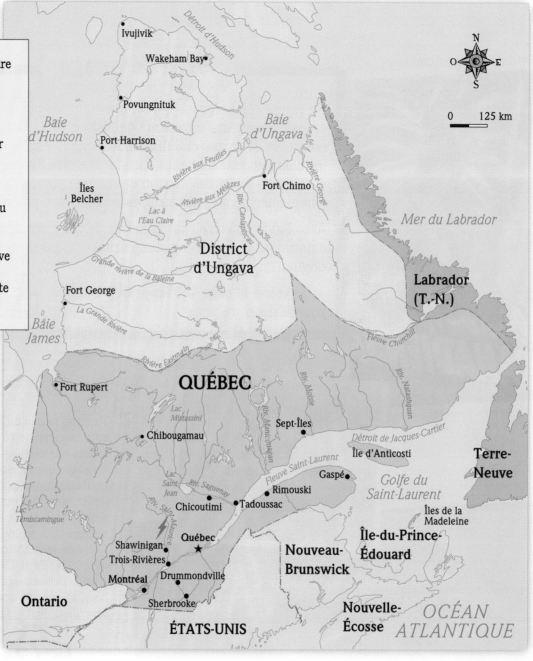

Pour bien comprendre l'évolution des frontières de la province de Québec entre 1900 et 1980, je t'invite à observer les deux cartes des pages 12 et 13. Consulte-les et compare-les. Peux-tu repérer les modifications territoriales? Observe bien les frontières de la province et note les différences.

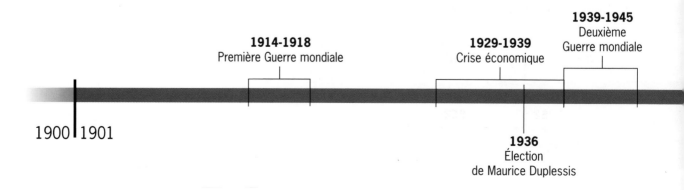

1914-1918
Première Guerre mondiale

1929-1939
Crise économique

1939-1945
Deuxième Guerre mondiale

1900 1901

1936
Élection
de Maurice Duplessis

Le territoire québécois en 1980

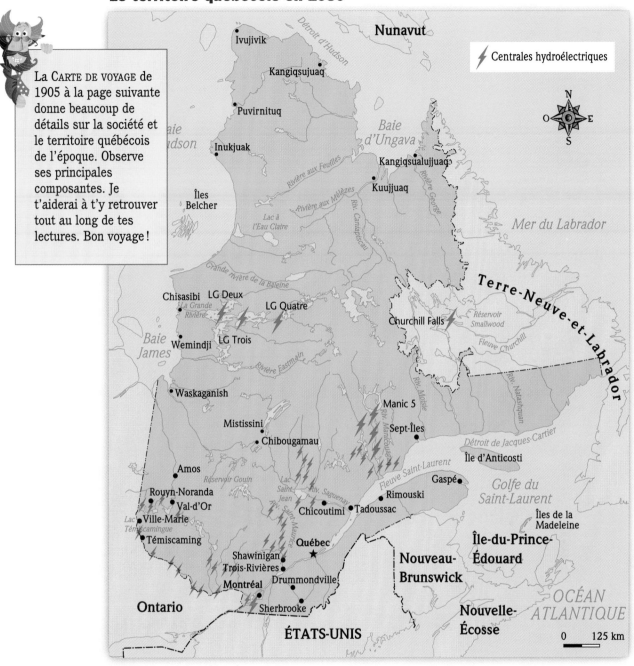

La CARTE DE VOYAGE de 1905 à la page suivante donne beaucoup de détails sur la société et le territoire québécois de l'époque. Observe ses principales composantes. Je t'aiderai à t'y retrouver tout au long de tes lectures. Bon voyage !

⚡ Centrales hydroélectriques

Nunavut

Détroit d'Hudson

Ivujivik
Kangiqsujuaq
Puvirnituq

Baie d'Ungava

Inukjuak

Baie d'Hudson

Kangiqsualujjuaq
Kuujjuaq

Rivière aux Feuilles

Îles Belcher

Lac à l'Eau Claire

Rivière aux Mélèzes

Rivière Caniapiscau

Rivière George

Mer du Labrador

Grande rivière de la Baleine

Chisasibi
LG Deux
LG Quatre

Churchill Falls

Réservoir Smallwood

Terre-Neuve-et-Labrador

La Grande Rivière

LG Trois
Wemindji

Baie James

Fleuve Churchill

Riv. Natashquan

Rivière Eastmain

Waskaganish

Riv. Moisie

Mistissini

Manic 5

Sept-Îles

Détroit de Jacques-Cartier

Chibougamau

Riv. Manicouagan

Île d'Anticosti

Amos

Réservoir Gouin

Rouyn-Noranda
Val-d'Or

Lac Saint-Jean

Riv. Saguenay

Fleuve Saint-Laurent

Gaspé

Rimouski

Golfe du Saint-Laurent

Lac Témiscamingue
Ville-Marie
Témiscaming

Riv. Saint-Maurice

Chicoutimi

Tadoussac

Îles de la Madeleine

Shawinigan
Trois-Rivières
Montréal

Québec ★

Drummondville

Sherbrooke

Ontario

Nouveau-Brunswick

Île-du-Prince-Édouard

Nouvelle-Écosse

OCÉAN ATLANTIQUE

ÉTATS-UNIS

0   125 km

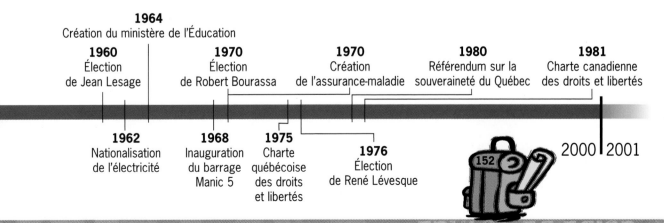

1964
Création du ministère de l'Éducation

1960
Élection de Jean Lesage

1970
Élection de Robert Bourassa

1970
Création de l'assurance-maladie

1980
Référendum sur la souveraineté du Québec

1981
Charte canadienne des droits et libertés

1962
Nationalisation de l'électricité

1968
Inauguration du barrage Manic 5

1975
Charte québécoise des droits et libertés

1976
Élection de René Lévesque

2000 | 2001

152

CARTE DE VOYAGE La société québécoise vers 1905

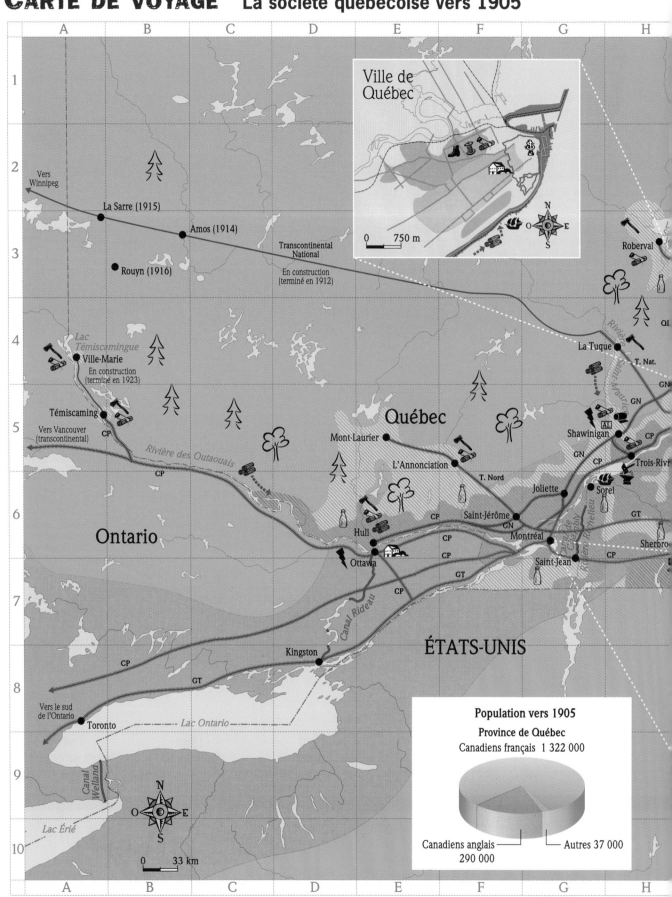

Ville de Québec

0   750 m

Vers Winnipeg

La Sarre (1915)

Amos (1914)

Rouyn (1916)

Transcontinental National

En construction (terminé en 1912)

Roberval

QI

Lac Témiscamingue

Ville-Marie

En construction (terminé en 1923)

La Tuque

T. Nat.

GN

Témiscaming

Vers Vancouver (transcontinental)

CP

Québec

Shawinigan

AL

GN

CP

Rivière des Outaouais

CP

Mont-Laurier

L'Annonciation

T. Nord

GN

CP

Trois-Rivi

Joliette

Sorel

GT

Ontario

Hull

CP

Saint-Jérôme

GN

Montréal

Sherbro

Ottawa

CP

CP

GT

Saint-Jean

CP

CP

Canal Rideau

Kingston

ÉTATS-UNIS

CP

GT

Vers le sud de l'Ontario

Toronto

Lac Ontario

Canal Welland

N

O   E

S

Lac Érié

0   33 km

Population vers 1905

Province de Québec

Canadiens français 1 322 000

Canadiens anglais 290 000

Autres 37 000

I J K L M N O P

1

2

Rivière Saguenay

Fleuve Saint-Laurent

Chicoutimi

Tadoussac

Rimouski

INT

Gaspé
Vers Gaspé
En construction
(terminé en 1911)

Port-Daniel

BDC

3

Rivière-du-Loup

Lac Témiscouata

TEM

Campbellton (NB)

Baie des Chaleurs

Intercolonial
vers Halifax (NÉ)
Via Moncton (NB)

4

INT

Edmunston (NB)

CPR
Vers Saint-Jean (NB)

Nouveau-Brunswick

Québec

Lévis

QC

Rivière

QC

Saint-Georges

A

CP
Vers Saint-Jean (NB)
via Maine (ÉU)

5

6

Légende

Économie

	Zone commerciale et portuaire
	Bois
	Blé
	Construction navale
	Banques
	Scieries
	Chantiers de coupe de bois
	Pêche
	Sidérurgie
	Barrages hydroélectriques
AL	Aluminium
	Cuir et chaussures
	Textile et vêtement
	Pâtes et papiers

Mines

Cu	Cuivre
A	Amiante
	Beurreries et fromageries
	Équipement de chemin de fer

Territoire

Espace habité vers 1851
Espace habité vers 1901

Population urbaine

Quartiers à revenus élevés
Quartiers à revenus moyens
Quartiers à revenus faibles

Transport et Communications

Lignes de chemins de fer nationales

CP Canadien Pacifique
GT Grand Tronc
INT Intercolonial
T. Nat. Transcontinental National

Lignes de chemins de fer régionales

QLSJ Québec-Lac Saint-Jean
QC Québec Central
T. Nord Train du Nord
BDC Baie des Chaleurs
TEM Témiscouata
GN Grand Nord

Drave et trains de bois
Canalisation

Politique

Parlement

Forêts (conifères et feuillus)
Ville
Basses-terres du Saint-Laurent
et des Grands Lacs
Bouclier canadien
Appalaches

7

8

9

10

Ville de Montréal

Usines Angus
CP
Gare

Train
du Nord
CP
Vers
Lachine

Fleuve Saint-Laurent

Vers Québec

Saint-Laurent

Mont Royal

N
O E
S

Sherbrooke

Notre-Dame

Pont Victoria

Gare

Vers l'Ontario

CP

GT GT

0 1,2 km

I J K L M N O P

Réalisation

Des traditions bouleversées

La CARTE DE VOYAGE donne de l'information sur l'industrialisation et le réseau de transport en 1905. Utilise-la pour comparer la situation avec celle de 1980.

© Musée McCord VIEW-8927

Usine mécanisée au début du 20ᵉ siècle.

Souvenirs de voyage

Depuis 1850, le Québec est en plein essor industriel. Des manufactures produisent des vêtements, des chaussures et des produits alimentaires. En région, des entreprises exploitent les forêts et l'électricité fait son apparition vers la fin du 19ᵉ siècle.

Vers 1900, la population québécoise se concentre de plus en plus dans les villes. L'automobile et les tramways facilitent les déplacements et le téléphone révolutionne le monde des communications.

Les écoles, les hôpitaux et l'aide aux plus pauvres sont sous la responsabilité des Églises catholique et protestante. En général, la population est peu scolarisée car les études sont réservées aux plus riches. La fréquentation de l'école n'est pas obligatoire et l'instruction de la majorité des enfants se limite souvent à savoir lire, écrire et compter. Les soins de santé ne sont pas gratuits et, encore là, seuls les plus riches y ont accès.

Société historique des Cantons-de-l'Est

À la campagne, l'école de rang regroupe les enfants de tous âges.

Projet de voyage

Halte

Dans ce dossier, on décrit certains aspects de la société québécoise vers 1980. Pour bien comprendre les grands changements survenus depuis 1900, consulte les documents tirés de l'album familial d'Isabelle Gervais. Compare les deux périodes et note les différences. Tu pourras t'en servir pour écrire ton article de journal portant sur la période 1900 à 1980. Observe bien les transformations économiques et note le rôle joué par l'État en éducation, en santé et dans les services offerts à la population vers 1980.

Vers 1905, les tramways côtoient les voitures à chevaux, dans un paysage marqué par les poteaux et les fils électriques.

L'ÉTINCELLE

MONTRÉAL, 15 OCTOBRE 1911

L'INDUSTRIALISATION ET LE PROGRÈS

La province de Québec s'industrialise. On fabrique maintenant les textiles, les chaussures ou les meubles à l'aide de machines. Les richesses naturelles de la province sont mises en valeur. Le bois est transformé en pâte et papier. Une source d'énergie toute nouvelle apparaît: l'électricité.

Un vaste réseau de chemins de fer et les écluses du canal de Lachine et de Chambly favorisent le transport des marchandises à travers la province et le pays. De plus, la ville vit au rythme de la modernité. En effet, de magnifiques automobiles à essence croisent les tramways électriques qui assurent un transport public efficace.

Une nouvelle invention, le téléphone, transporte la voix par fil et permet à de nombreuses personnes de tenir une conversation avec quelqu'un qui se trouve à des milles de distance. Vraiment, on n'arrête pas le progrès!

Ce vieil article de journal est très intéressant. Compare la situation économique de 1900 à celle de 1980. Quels sont les changements que tu observes?

La centrale hydroélectrique *Robert-Bourassa a été mise en service en 1981.*

Des innovations électrisantes!

Vers 1980, l'exploitation des richesses naturelles constitue la force économique du Québec. Les industries forestière et minière sont le moteur de plusieurs régions, entre autres l'Abitibi, la Gaspésie et le Saguenay–Lac-Saint-Jean.

Cependant, l'aménagement de grands barrages hydroélectriques est le développement le plus phénoménal de cette époque. De nombreuses centrales hydroélectriques approvisionnent la population québécoise ainsi que les usines comme celles des pâtes et papiers et des alumineries, dont la production dépend de l'électricité.

En 1980, d'immenses navires se déplacent vers l'Ontario et les Grands Lacs sur un canal large et profond creusé dans le fleuve Saint-Laurent: la Voie maritime du Saint-Laurent. Le nombre d'automobiles et de camions est considérable. Montréal a un réseau de transport public souterrain, le métro. Des avions transportent des passagers et du matériel pour ravitailler les endroits les plus reculés de la province. Les innovations technologiques permettent dorénavant de transmettre la voix et les images par satellites!

©Musée McCord 1899 II-129833

Les finissants de la classe de 1900 à l'Université McGill à Montréal sont tous des garçons.

Le 10 août 1905

Mon amie Agnès Lemieux est très triste aujourd'hui. Ses parents l'ont retirée de l'école, car elle doit commencer à travailler à l'usine de vêtements près de chez elle. Son père dit qu'à 14 ans il est temps pour les enfants de rapporter un salaire à la maison. Il faut qu'elle aide à nourrir ses 10 sœurs et frères.

Son frère René, âgé de 15 ans, doit aussi quitter l'école. De toute façon, ses parents n'ont pas d'argent pour lui payer des études au collège. Les grandes études, c'est pour les riches !

Ses parents espèrent que ces deux nouveaux salaires aideront à payer le médecin venu soigner sa jeune sœur atteinte de la tuberculose.

Vers 1900, beaucoup d'enfants n'ont pas la chance d'aller à l'école. Noëlla Payette, une arrière-arrière-grand-mère d'Isabelle, a collé cette page de son journal intime dans l'album de sa famille. Quels changements observes-tu ?

Une société transformée

L'éducation et la santé

En 1980, les enfants doivent fréquenter l'école jusqu'à 16 ans. Après l'école primaire, les élèves vont à l'école secondaire où ils ont l'occasion de suivre des cours dans différentes matières. Certains y apprennent un métier, d'autres suivent une formation générale et se préparent aux études collégiales et universitaires.

Garçons et filles ont la chance d'étudier dans le domaine qui les intéresse, peu importe le revenu de leurs parents.

Maintenant l'école est gratuite, tout comme les soins de santé d'ailleurs. En effet, les hôpitaux et les cliniques accueillent tous ceux et celles qui ont besoin de soins. C'est le gouvernement qui paie les coûts du système d'éducation et de santé au Québec.

Collection particulière

En 1980, l'école est obligatoire et gratuite pour tous, garçons et filles, jusqu'à 16 ans.

22 janvier 1901

L'institutrice nous a parlé aujourd'hui des enfants qui travaillent dans les mines ou dans les manufactures. J'ai appris qu'il y a une dizaine d'années, des milliers d'immigrants chinois qui ont travaillé à la construction du chemin de fer de l'Ouest avaient été affectés à des travaux dangereux. Elle nous a même raconté que des travailleurs étaient morts au travail ! On dit que le Canada est le pays de la liberté. Mais les gens sont-ils tous égaux ?

On rapporte que beaucoup de travailleurs chinois du chemin de fer sont morts au travail. Ces immigrants font l'objet de nombreux préjugés et de stéréotypes blessants. Il y a beaucoup de gens qui ont l'esprit étroit et qui ont de la difficulté à accepter les différences culturelles.

Un jeune garçon à la sortie de la mine de charbon où il travaille.

Ces documents du début du 20ᵉ siècle, collés dans l'album par une **aïeule** d'Isabelle, montrent le sort réservé à certains groupes de la société à l'époque. Les droits des travailleurs et de groupes minoritaires comme les immigrants n'ont pas toujours été respectés. Compare les renseignements que tu y trouves avec la situation qui existait dans la société québécoise vers 1980.

Aïeul : ancêtre.

Les mêmes droits pour tous ?

En 1980, les droits de tous sont respectés, peu importe le sexe, l'âge ou l'origine ethnique. La Charte québécoise des droits et libertés garantit les mêmes droits à toute personne. Les Québécois doivent agir les uns envers les autres dans un esprit de fraternité et d'égalité. Le système parlementaire est démocratique. Les députés sont élus par les citoyens. Au Québec, à partir de l'âge de 18 ans, tous les citoyens, hommes ou femmes, ont le droit de vote.

Charte québécoise
des droits et libertés de la personne

La Charte québécoise garantit les droits et les libertés de la personne.

Au jour de l'An, le père bénit sa famille.

Les arrière-arrière-grands-parents d'Isabelle étaient très respectueux des valeurs de leur époque. Comme la grande majorité des habitants du Québec, ils fréquentaient l'église régulièrement. Compare les commentaires de Noëlla Payette avec la situation qui existait en 1980. Quels changements observes-tu?

10 septembre 1902

Notre institutrice, Sœur Madeleine, nous parlé aujourd'hui de la vocation religieuse. Elle nous a expliqué qu'il était très important de respecter les traditions et de fréquenter l'église régulièrement. Elle nous a aussi dit que la vie religieuse était très intéressante, qu'on pouvait enseigner, soigner les malades, s'occuper des pauvres et que c'était la meilleure façon d'aller au ciel après notre mort. Elle a dit que si les religieux ne s'occupaient pas de l'éducation, du soin des malades et des pauvres, presque personne ne le ferait. Dans ma famille, nous sommes très respectueux des traditions. Tous les dimanches, avec mes parents, mes quatre frères et mes cinq sœurs, nous allons à la messe. Je ne sais pas si je deviendrai religieuse plus tard. J'aimerais bien soigner les malades.

Les croyances religieuses

En 1980, c'est le gouvernement du Québec qui gère les écoles, les hôpitaux et qui aide les plus démunis en leur versant des sommes d'argent et en mettant sur pied différents programmes d'aide à l'emploi. De nombreuses personnes travaillent pour le gouvernement pour rendre tous ces services à la population. Plusieurs communautés religieuses continuent toutefois à œuvrer auprès des personnes dans le besoin.

Depuis quelques années, la pratique religieuse a considérablement baissé. De moins en moins de fidèles assistent à la messe du dimanche. Dans l'ensemble, l'influence de l'Église catholique a beaucoup diminué.

Les fidèles sont moins nombreux à assister à la messe du dimanche.

En bref

- L'exploitation des richesses naturelles constitue la force économique du Québec. La population québécoise est desservie en électricité grâce à l'aménagement de plusieurs grands barrages hydroélectriques. Le transport et les communications se modernisent.
- L'école est obligatoire jusqu'à 16 ans. La population a accès gratuitement à l'éducation et aux soins de santé. Le gouvernement a remplacé le clergé dans la gestion des écoles publiques et des hôpitaux.
- La société garantit les mêmes droits à tous et à toutes. La pratique religieuse diminue.

Vérifie tes connaissances

Tu viens d'observer la société québécoise à deux moments de son histoire : en 1900 et en 1980. Tu as probablement remarqué des différences sur plusieurs aspects. Afin d'organiser toutes ces nouvelles connaissances, fais le point avec ton enseignante ou ton enseignant en remplissant la fiche qu'il ou elle te remettra.

Discute et prends position

La religion catholique est au centre de la vie de nombreux Québécois vers 1900. La population fréquente l'église de manière régulière et respecte les règles prescrites par le clergé. En 1980, ces valeurs ont bien changé.

En groupe

1. Les valeurs sont importantes. Certaines personnes trouvent leurs valeurs dans des croyances religieuses. D'autres non. Définissez ce que sont des valeurs. Pouvez-vous identifier les vôtres ? Comparez-les avec celles de vos camarades de classe. Soyez à l'écoute de leurs opinions.

2. Comparez vos valeurs avec celles de la société québécoise de 1900. Observez les différences.

Projet de voyage

Halte

Dans ce dossier, tu as pris connaissance de certains aspects de la réalité au Québec vers 1980. En lisant les documents de l'album de famille d'Isabelle Gervais, tu as découvert plusieurs aspects de la société québécoise vers 1900. Ces textes t'aideront à comparer la société québécoise de 1900 à celle de 1980. Ces deux sociétés sont-elles vraiment différentes ? Quels changements observes-tu ? Prête attention aux nouveautés techniques et au nouveau rôle de l'État dans la société, comparé à celui du clergé. Note-les dans ton journal.

Maintenant que tu as vu ce qui a changé entre 1900 et 1980 dans la société québécoise, je t'invite à lire avec moi d'autres pages de mon album de famille. Tu verras plusieurs choses extraordinaires qui sont arrivées au cours du 20e siècle. Tous ces grands événements ont eu une influence sur notre façon de vivre. C'est pour ça que la vie est si différente aujourd'hui.

Réalisation

En route vers la modernité

Ce dossier présente les événements et les personnages marquants de la société québécoise entre 1900 et 1980. Utilise les documents de ton GUIDE DE VOYAGE pour te repérer.

ANC C-008344

John A. Macdonald est le premier chef du gouvernement canadien en 1867.

ANC PA-061741

En 1909 en Nouvelle-Écosse, le Silver Dart effectue le premier vol de l'Empire britannique.

Souvenirs de voyage

En 1867, quatre colonies britanniques, le Québec, l'Ontario, le Nouveau-Brunswick et la Nouvelle-Écosse, s'unissent pour former le Dominion du Canada. Dans les années qui suivent, le Canada s'agrandit de l'océan Atlantique à l'océan Pacifique et devient une puissance de plus en plus autonome. Toutefois, le Canada demeure membre de l'Empire britannique.

Le Québec fait partie du Canada et participe à la modernisation et au développement industriel du pays. La province se transforme progressivement avec l'apparition des nouvelles technologies. Cependant, elle demeure imprégnée de valeurs traditionnelles. Le clergé catholique y tient un rôle de premier plan.

Ainsi, vers 1900, la technologie nouvelle et le développement du Canada permettent de considérer avec optimisme ce 20e siècle naissant. A-t-on raison d'être optimiste ? En fait, le monde sera plutôt le théâtre des plus durs conflits de toute son histoire. Et le Canada, en tant que membre de l'Empire britannique, ne sera pas épargné.

Projet de voyage

Halte

Le dossier 2 présente des événements et des personnages marquants de la période 1900 à 1980. Cette période est documentée dans l'album d'Isabelle par de nombreux textes et illustrations. Tu découvriras deux guerres mondiales, une crise économique terrible, l'époque de Maurice Duplessis et la Révolution tranquille. À la manière des journalistes, note les renseignements nécessaires à la réalisation de ton article de journal.

Plusieurs pays, dont le Canada, vont devoir affronter de grandes épreuves entre 1914 et 1945. Je vais te raconter cette histoire à l'aide de mon album. J'ai réuni plusieurs documents dans un dossier spécial pour bien comprendre les événements qui ont changé le monde !

Souvenirs de LA GRANDE GUERRE

par François Gervais, soldat du 22ᵉ bataillon, mai 1920

Légende :
- Alliés
- Empires centraux
- Pays neutres

L'Europe en 1914.

De 1914 à 1918, des pays de plusieurs continents participent à ce que l'on appelle aujourd'hui la Première Guerre mondiale. Appartenant encore à la Grande-Bretagne, le Canada envoie des milliers de soldats se battre principalement en France et en Belgique avec les **alliés**. L'ennemi à abattre ? Les **Empires centraux**.

Pendant quatre années, les soldats canadiens se battent courageusement dans des conditions très difficiles. L'ennemi est coriace. Tous les moyens technologiques sont mis en œuvre pour le vaincre : avions, sous-marins, bateaux cuirassés et chars d'assaut.

BILAN

Des 425 000 soldats canadiens qui ont combattu en Europe, 60 000 ont été tués. La guerre a coûté plus de cinq milliards de dollars au gouvernement du Canada. Cet effort militaire a contribué à la victoire des Alliés et a été une étape importante vers l'autonomie du Canada face à la Grande-Bretagne. En 1919, le Canada obtient le droit de signer le traité de paix de Versailles aux côtés des Alliés.

Affiche pour encourager les jeunes Canadiens français à s'enrôler dans l'armée.

Soldats canadiens dans une tranchée.

Alliés : France, Royaume-Uni et ses colonies (dont le Canada), Russie, Japon et États-Unis.

Empires centraux : Allemagne, Autriche-Hongrie et Empire ottoman (Turquie, Bulgarie).

Tranchée : trou long et étroit creusé dans le sol pour se protéger des attaques de l'ennemi.

LA NOUVELLE
28 septembre 1915

Le 22ᵉ Régiment de l'armée canadienne, composé de Canadiens français, a participé à son premier engagement contre l'ennemi. Hier, le major Arthur Roy y a laissé sa vie en sauvant celle de plusieurs camarades. Il s'est jeté sur une bombe tombée dans la **tranchée**. Son héroïque sacrifice est un exemple de courage.

Rappelons que les soldats canadiens combattent avec énergie l'Empire allemand qui attaque furieusement la France et la Belgique. Les Canadiens défendent les tranchées aux côtés des Alliés.

La Crise

par Lise Gervais

Lettre à mes petits-enfants

Le 12 mai 1936

Mes chers petits,

Les années qui ont suivi la Première Guerre mondiale ont été marquées par la prospérité. On les a appelées les «Années folles». Les gens sont tellement contents que les privations de la guerre soient terminées qu'ils ne pensent qu'à dépenser et à s'amuser. De nouvelles inventions comme la radio, le cinéma et l'automobile sont de plus en plus accessibles. Les gens vont voir les matchs de baseball ou de hockey. La musique de jazz est à la mode.

*Mais le 24 octobre 1929 a été un jeudi noir. La valeur des actions de la **bourse** de New York s'est effondrée. Dans la province de Québec, les industries liées aux richesses naturelles sont durement touchées. Les Américains cessent d'acheter les produits du Québec, dont les pâtes et papiers. Beaucoup d'usines et de commerces font faillite, entraînant des milliers de mises à pied. La misère frappe de nombreux Canadiens. Votre grand-père n'a plus de travail et pour manger nous devons demander la charité aux Secours directs. J'espère que vous ne connaîtrez jamais une telle misère.*

Grand-maman

Bourse : endroit où les gens d'affaires se réunissent pour vendre et acheter des actions.

Archives de la Société historique du Saguenay

Manchette du journal *Le Devoir* du 29 octobre 1929.

Les gouvernements tentent d'aider les chômeurs en offrant une aide financière appelée Secours directs. Ils offrent de l'emploi dans les travaux publics, comme la construction de routes ou de parcs. Voici ce qu'un résident de Verdun en rapporte en 1932 : « Pouvez-vous imaginer, chers lecteurs, 5 $ par semaine pour quatre personnes. Et avec ça, il faut payer le loyer, l'éclairage, le chauffage, les vêtements et la nourriture ? Oui monsieur, pour une famille de quatre personnes, cela donne 7 cents par repas par personne.

Août 1932

Une famille démunie à Montréal en 1938.

La Deuxième Guerre mondiale

par Louis Payette, soldat du Régiment de la Chaudière

Extraits de mon Journal de guerre

ANC PA-130023

Adolf Hitler est un dictateur raciste qui veut diriger le monde et exterminer les Juifs.

ANC C-087121

Affiche invitant les Canadiens à s'enrôler dans l'armée en 1944.

En septembre 1939, Adolf Hitler, à la tête de l'Allemagne, déclenche la guerre contre la Pologne. Encore une fois, le Canada entre en guerre aux côtés du Royaume-Uni et de la France. La guerre devient rapidement mondiale. Comme en 1914, nous allons combattre les Allemands, qui sont appuyés cette fois-ci par les Italiens et les Japonais. Je m'enrôle en 1940. Je suis prêt à me battre dans l'armée canadienne pour libérer l'Europe.

Mais l'Allemagne est victorieuse dans les premières années de la guerre. La France est vaincue en 1940. Heureusement, les Russes et les Américains se joignent aux Alliés pour combattre Hitler en 1941.

Le 6 juin 1944, les troupes canadiennes débarquent en France pour libérer ce pays de l'occupation allemande. Voici le témoignage de mon capitaine, Gérard Leroux, du Régiment de la Chaudière, concernant la réaction des Français en nous voyant: «Lorsque le Régiment de la Chaudière pénètre dans le bourg, [...] c'est une entrée presque triomphale. À leur grand étonnement, les civils constatent que ces soldats habillés de couleur kaki parlent leur langue. Sur l'épaule de leur uniforme, ils peuvent lire Canada, puis au-dessous Régiment de la Chaudière. Malgré la gravité du moment, les Canadiens ressentent une émotion profonde de se voir en territoire français.»

En 1945, les Américains larguent deux bombes atomiques sur le Japon. La guerre prend alors fin. Plus de 1 million d'hommes et de femmes ont servi dans l'armée canadienne de 1939 à 1945. Près de 42 000 y ont perdu la vie et 54 000 furent blessés. Au total, la Deuxième Guerre mondiale a fait plus de 50 millions de morts dont 6 millions de Juifs.

Collection particulière

De nombreux soldats canadiens reposent dans des cimetières européens, comme celui-ci en France.

La prospérité d'après-guerre et les années Duplessis
par Linda Gravel

ANC PA-133214

La construction d'un chemin de fer sur la Côte-Nord permet d'acheminer le minerai de fer.

13 juillet 1954 – Depuis la fin de la Deuxième Guerre mondiale, nous avons retrouvé une vie normale. L'économie va bien et le niveau de vie progresse. L'augmentation des salaires nous a permis d'acheter une voiture et nous espérons pouvoir nous procurer un appareil de télévision l'an prochain. Ma sœur Nathalie s'est même acheté un tourne-disques hi-fi et un réfrigérateur électrique.

General Motors du Canada

Les salaires plus élevés permettent l'achat d'automobiles.

La télévision apparaît au Québec en 1952.

ANC PA-133209

De nombreux enfants viennent au monde dans les années 1950.

7 février 1959 – Selon une récente étude, Montréal demeure le principal centre d'industries au Québec. Sa population augmente considérablement, grâce à l'immigration. De plus, deux millions de bébés sont nés depuis 1946. Certains appellent ce phénomène le *baby boom*!

Mais, d'autres régions sont aussi en pleine croissance. Les pâtes et papiers de la région de Trois-Rivières et le minerai de fer de la Côte-Nord sont exportés en grande quantité vers les États-Unis.

Le théâtre, le cinéma, les spectacles, les émissions radiophoniques accumulent [...] les périls les plus graves [...] La moralité baisse encore par l'action de ces bandes comiques que dévorent les enfants, jeunes et vieux.

(Lettre des évêques catholiques du Québec, 1946)

ANC PA-119877

Maurice Duplessis, à droite, avec des membres de l'Église catholique.

20 juin 1959 – Maurice Duplessis est Premier ministre du Québec depuis 1944. Son gouvernement, appuyé par l'Église catholique, se méfie du changement. Il encourage les valeurs traditionnelles que sont la religion, l'agriculture, la famille et l'obéissance. La croissance économique ne s'accompagne pas de progrès social. Les valeurs imposées par l'Église et les traditions liées à l'agriculture ne correspondent plus à la réalité.

La Révolution tranquille

Alors, que penses-tu de cette première partie du 20ᵉ siècle ? Pas très reposante, n'est-ce pas ! Au Québec, la période des années 1960 est aussi très marquante. Voyons cela de plus près. J'ai choisi quelques photos et des textes intéressants de l'album pour t'aider à comprendre.

Le parti du changement

Maurice Duplessis meurt en 1959. Dès l'année suivante, la population du Québec élit un gouvernement libéral dirigé par Jean Lesage. Les changements apportés par ce nouveau gouvernement du Parti libéral sont si nombreux qu'on utilise l'expression « Révolution tranquille » pour désigner cette période. On a utilisé l'adjectif « tranquille » parce que tous ces changements se sont faits dans le calme et avec l'accord d'une large partie de la population. C'est à partir des années 1960 que les Canadiens français commencent à utiliser le terme « Québécois » pour s'identifier.

La plus grande manifestation de changement se trouve dans la façon de gouverner. Dorénavant, l'intervention du gouvernement dans les domaines économique, social et culturel est très grande.

C'est le temps que ça change !

Jean Lesage veut moderniser la province de Québec. Son gouvernement croit fermement qu'il est temps que les francophones participent au développement économique et industriel de la province. Pour y arriver, l'État québécois doit s'en occuper.

La plus spectaculaire réalisation du gouvernement Lesage est la nationalisation de l'électricité, c'est-à-dire l'achat, par l'État, des grandes compagnies privées d'électricité de la province. Presque toute l'industrie de l'électricité appartient désormais au gouvernement. Ces compagnies sont regroupées en une seule qui porte le nom d'Hydro-Québec.

Rappel

Depuis la Conquête anglaise, les francophones sont peu nombreux à occuper des postes importants dans les grandes compagnies. Les patrons sont très souvent des anglophones et les francophones travaillent comme ouvriers ou simples employés.

SAVAIS-TU...

C'est dans un journal anglophone de Toronto qu'est apparue l'expression « Révolution tranquille » pour la première fois. Un journaliste du *Globe and Mail* qualifiait de « *Quiet Revolution* » les changements survenus au Québec.

Les principaux artisans de la Révolution tranquille, le Premier ministre Jean Lesage (au centre), accompagné de René Lévesque et de Paul Gérin-Lajoie.

Rassemblement du Parti libéral de Jean Lesage en 1960.

ANC PA-145477

La CARTE DE VOYAGE de 1905 illustre les centres de production d'électricité au début du 20e siècle.

Rappel

L'exploitation des richesses naturelles démarre véritablement au début du 20e siècle. Le bois des forêts québécoises est utilisé dans la fabrication du papier. Dans les Cantons-de-l'Est, on extrait du cuivre et de l'amiante. On construit des barrages sur des rivières à grand débit dès les années 1910.

HÉRITAGE

Depuis les années 1960, Hydro-Québec développe une grande expertise technologique. Les lignes de transport de 735 kV, mises au point au Québec pour la première fois, en sont un bon exemple. Ses exploits en font un symbole de la Révolution tranquille et lui valent une renommée internationale. Depuis sa création, l'entreprise a connu une expansion continue.

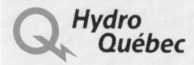

Le barrage Manic 5 s'appelle aujourd'hui « Daniel-Johnson » en l'honneur de cet ancien Premier ministre du Québec. La demande d'électricité augmente de 7 % par année au Québec dans les années 1960.

Les grands chantiers de l'État

Le ministre des Richesses naturelles du gouvernement libéral de Jean Lesage se nomme René Lévesque. Il est responsable de la nationalisation de l'électricité. L'État peut ainsi mieux répondre aux besoins de la population et desservir des régions comme la Gaspésie et l'Abitibi. Pour faire face à la demande grandissante des industries et de la population en énergie électrique, Hydro-Québec construit de grands barrages sur les puissantes rivières du Bouclier canadien. Des milliers d'emplois sont ainsi créés.

René Lévesque.

De la Mauricie à la Côte-Nord

Dès le début du 20e siècle, les usines de pâtes et papiers et les alumineries s'installent près des barrages hydroélectriques en Mauricie et en Outaouais. Dans les années 1920, de grandes alumineries s'installent au Saguenay et y construisent des barrages hydroélectriques. En Abitibi, on commence à exploiter les mines. Après la Deuxième Guerre mondiale, de gigantesques travaux sont lancés sur les rivières Manicouagan et aux Outardes sur la Côte-Nord afin d'aménager de nouvelles centrales hydroélectriques.

Sur ces puissantes rivières, les ingénieurs multiplient les exploits techniques pour acheminer les importantes quantités d'énergie nécessaires aux industries et aux centres urbains. Le barrage Manic 5 sur la rivière Manicouagan, inauguré en 1968, est le plus grand barrage à voûtes du monde. Sa puissance de production d'électricité en fait l'un des plus importants du Québec.

Hydro-Québec

La baie James

Le plus grand chantier d'Hydro-Québec est celui de la baie James. Mon père y a travaillé. C'est à 1000 kilomètres de Montréal, dans le Bouclier canadien. Pendant 25 ans, cinq centrales hydroélectriques sont construites sur la Grande Rivière qui coule sur plus de 800 kilomètres.

SAVAIS-TU...

L'accord des populations cries et inuites du Nord québécois a été nécessaire à la poursuite des travaux hydroélectriques de la baie James. En 1975, après de longues négociations, les représentants des autochtones et du gouvernement québécois signent la Convention de la Baie-James et du Nord québécois pour la mise en valeur des rivières.

LE JOURNAL DU SOIR

Québec, samedi, 1er mai 1971

LE PROJET DU SIÈCLE

Le Premier ministre, Robert Bourassa.

Le Premier ministre du Québec, Robert Bourassa, a lancé hier «le projet du siècle» devant plus de 5000 partisans réunis au Petit Colisée de Québec. Le Premier ministre vient de donner le feu vert à l'aménagement du plus grand complexe hydroélectrique au monde à la baie James. Les défis sont énormes.

Plusieurs remettent en question les impacts environnementaux et les relations avec les autochtones, ou encore les conditions de vie des travailleurs et les coûts de construction. Mais le Premier ministre tient bon. Il affirme que l'hydroélectricité est le meilleur choix énergétique pour le Québec.

Centrales hydroélectriques de la Grande Rivière	Puissance
La Grande 1 (1994-1995)	1436 MW
Robert-Bourassa (1979-1981)	5616 MW
La Grande 2-A (1991-1992)	2106 MW
La Grande 3 (1982-1984)	2418 MW
La Grande 4 (1984-1986)	2779 MW

Source : Hydro-Québec

Deux jours après le décès de Robert Bourassa, le 4 octobre 1996, l'Assemblée nationale décide de changer le nom de la centrale LG-2, la plus puissante du complexe. Elle devient la centrale Robert-Bourassa.

Hydro-Québec

Hydro-Québec

L'influence du clergé

J'ai retrouvé ce devoir fait par un arrière-grand-père. C'est un rappel intéressant de l'importance de la religion catholique dans la vie des gens.

Rappel

ANC C-010621

Mgr de Laval avec le gouverneur et l'intendant de la Nouvelle-France.

Laïciser : rendre laïque, enlever le caractère religieux. Un laïque est une personne qui n'est ni prêtre ni religieux. Dans une école laïque, on n'enseigne aucune religion.

Composition de Charles Gervais

Le 6 avril 1905

La religion catholique dans la province de Québec

Le clergé catholique joue un rôle important depuis le début de la colonisation française. Il s'occupe des écoles, des hôpitaux et des soins aux pauvres. Sous le Régime français, même l'évêque de la colonie, comme Monseigneur de Laval, siège au Conseil souverain.

Après la Conquête anglaise, l'Église catholique occupe les mêmes fonctions. Et c'est encore le cas aujourd'hui en ce début du 20e siècle. Les évêques de la province de Québec ne siègent plus au gouvernement, mais ils ont toujours un grand pouvoir.

Dans ma paroisse, les Canadiens français respectent les fêtes et les obligations religieuses. Par exemple, on jeûne pendant le Carême. Les paroissiens assistent toujours à la messe du dimanche. Selon Monsieur le curé, 85 % de la population du Québec est de religion catholique.

Enseignante laïque et sa classe dans les années 1970.

La laïcisation de la société

Au début des années 1960, l'influence du clergé diminue considérablement. La fréquentation des églises baisse, tout comme le nombre de jeunes choisissant de devenir prêtre ou membre d'une communauté religieuse. Beaucoup de jeunes rejettent le mode de vie religieux de leurs parents. Les valeurs modernes ne concordent plus avec celles qui sont défendues par le clergé.

La société québécoise se **laïcise**. Dans les écoles et les hôpitaux, le personnel est presque exclusivement laïque. Plusieurs religieux et religieuses décident de revenir à la vie laïque.

L'école obligatoire pour tous!

Au début du 20e siècle, de nombreuses familles canadiennes-françaises n'ont pas les moyens financiers de faire instruire leurs enfants. Avant 1960, le gouvernement québécois s'engage peu dans les affaires sociales. Il a le pouvoir de faire des lois en ce qui concerne l'éducation et la santé, mais laisse au clergé le soin de s'en occuper.

En 1959, la scolarisation des Canadiens français est la plus faible du Canada. Or, il est très difficile de développer et de moderniser le Québec sans instruire et former la population. Dans les années 1960, l'État prend en charge le système d'éducation. Le gouvernement de Jean Lesage crée le ministère de l'Éducation en 1964. Tout le système d'enseignement est modifié. L'école devient obligatoire jusqu'à 16 ans. Elle est dorénavant accessible à tous les garçons et les filles car elle est gratuite.

Les élèves sont regroupés dans des écoles polyvalentes pour l'enseignement secondaire. À compter de 1967, ils peuvent poursuivre gratuitement des études collégiales avec l'ouverture des Collèges d'enseignement général et professionnel, les cégeps. L'État met sur pied l'Université du Québec en 1969.

L'école Curé-Antoine-Labelle est l'une des premières écoles polyvalentes à être construites au Québec.

En 1960, le Parti libéral dénonce la situation de l'éducation au Québec.

En bref

- Le Canada prend part aux deux grands conflits mondiaux du 20e siècle. Il subit la crise économique des années 1930. Les années d'après-guerre sont marquées par la prospérité et le traditionalisme du gouvernement Duplessis au Québec.

- La Révolution tranquille est une période de grands bouleversements qui débute en 1960. Le gouvernement Lesage intervient dans le domaine économique par la nationalisation de l'électricité. Il lance de grands projets hydroélectriques. Il intervient aussi dans le domaine de l'éducation par une réforme du système scolaire. L'école devient obligatoire jusqu'à 16 ans et est accessible à tous et à toutes. Les cours sont gratuits jusqu'à la fin des études collégiales. La société québécoise se laïcise.

Fais le point

Vérifie tes connaissances

Tu viens d'étudier un dossier spécial sur les guerres mondiales, la crise économique et le régime de Maurice Duplessis. De plus, tu as pris connaissance des grandes réalisations de la Révolution tranquille et découvert des personnages marquants de cette période. Afin d'organiser toutes ces nouvelles connaissances, fais le point avec ton enseignante ou ton enseignant en remplissant la fiche qu'il ou elle te remettra.

Va plus loin

Les projets hydroélectriques du Québec sont gigantesques. D'ailleurs, l'expertise d'Hydro-Québec est reconnue sur le plan international.

Informe-toi sur la technologie de production hydroélectrique. Comment fonctionnent ces grands barrages? Le site Internet d'Hydro-Québec est très intéressant. Jette un coup d'œil sur ses grandes réalisations.

Discute et prends position

En 1964, le gouvernement de Jean Lesage crée le ministère de l'Éducation du Québec. Dorénavant, la fréquentation scolaire est obligatoire jusqu'à 16 ans. Les enfants de tous les milieux, riches ou pauvres, garçons ou filles, doivent aller à l'école.

En groupe

1. Selon vous, pourquoi oblige-t-on les enfants à aller à l'école jusqu'à 16 ans? L'école, est-ce si important?

2. Connaissez-vous des pays où la situation est différente? Les jeunes du monde vont-ils tous à l'école? Comment s'organise l'école ailleurs?

Projet de voyage

Halte

Plusieurs documents de l'album d'Isabelle Gervais sont regroupés dans un dossier spécial qui présente brièvement les grands événements de 1914 à 1960. Ensuite, l'étude de la Révolution tranquille permet d'expliquer les profonds changements qui surviendront dans la société québécoise. Quels sont ces événements et les personnages qui y sont associés? Note-les afin de rédiger ton article de journal.

Une histoire à suivre

Ce dossier relate les évènements et présente les personnages marquants de la société québécoise après la Révolution tranquille.

© Musée McCord MP-1974.102

Une des premières voitures immatriculées au Québec.

Souvenirs de voyage

La société québécoise vers 1900 voit l'avènement de nouvelles technologies. Le chemin de fer, l'automobile et l'avion font leur apparition. Le téléphone facilite grandement les communications. Les villes sont dotées d'électricité, de lignes de tramways et d'édifices en hauteur.

Le chemin de fer dessert les régions du Québec, mais les routes sont en mauvais état. Dans les villes, les chemins sont asphaltés mais à l'extérieur des centres urbains, les routes sont en terre. La campagne n'a pas encore de services d'électricité.

Les services sociaux, comme l'aide aux plus pauvres, sont sous la responsabilité du clergé. Les soins de santé sont aux frais des malades et de leur famille. Le gouvernement québécois intervient peu. Les dépenses sont surtout consacrées à la construction des routes, des ponts et des chemins de fer à travers la province.

Archives des Sœurs de la Providence

Certaines communautés religieuses se spécialisent en soins infirmiers. Ici, l'Hôpital des Incurables pour les orphelins et les enfants abandonnés.

Projet de voyage

Halte

Le dossier 3 présente les évènements et les personnages marquants au Québec après la Révolution tranquille des années 1960. Tu y trouveras de l'information concernant les services sociaux, le transport, les communications et les droits des citoyens. Ils expliquent les changements survenus dans la société québécoise vers 1980. Prends des notes!

Nous avons beaucoup de chance de pouvoir nous faire soigner gratuitement. Autrefois, il fallait payer pour aller à l'hôpital.

Les CLSC sont implantés dans toutes les régions du Québec.

Ville de Cowansville

©Yves Falardeau

Une salle de soins du CLSC du village inuit de Salluit.

Assumer : prendre en charge.

Les mesures sociales de l'État

Des soins pour tous

Au début de la Révolution tranquille, l'État québécois commence à prendre en charge le réseau de la santé. Il rachète plusieurs hôpitaux qui appartenaient aux communautés religieuses. Avant les années 1960, les patients devaient payer le médecin et l'hôpital pour être soignés. Depuis 1961, les frais d'hospitalisation sont **assumés** par l'État.

En 1970, Robert Bourassa crée la Régie de l'assurance-maladie du Québec. Dorénavant, la «carte-soleil» donne accès gratuitement aux soins de santé chez le médecin ou à l'hôpital. En 1972 naissent les centres locaux de services communautaires, les CLSC. Encore aujourd'hui, ces centres donnent des services médicaux et sociaux à la population québécoise.

De l'aide pour tous

Le gouvernement du Québec, comme celui du Canada, poursuit son aide à la population par une série d'interventions dans les années 1970.

L'État assiste les travailleurs dans leur recherche d'emploi. Les familles reçoivent une aide financière pour élever leurs enfants. Les plus démunis obtiennent aussi des montants d'argent. Pour les gens âgés de plus de 65 ans, les médicaments et le service ambulancier sont gratuits.

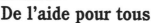

La «carte-soleil» donne accès aux soins de santé gratuitement.

Un tableau où sont affichées les offres d'emploi.

Les transports

De nombreux changements dans le réseau de transport et de communication sont attribuables à de nouvelles inventions. Pour mes grands-parents, c'est tout un monde qui bascule.

Un réseau routier moderne

Des milliers d'automobiles circulent sur les routes du Québec. En 1960, plus de la moitié des familles en possède une alors que seulement 167 véhicules automobiles avaient été immatriculés dans la province en 1906.

L'État doit dépenser des sommes énormes pour la construction de routes et d'autoroutes. Ce nouveau réseau routier favorise le transport par camions.

©Transports Québec

L'autoroute Décarie a été ouverte à la circulation en 1967.

SAVAIS-TU...

Une nouveauté révolutionne le domaine des transports : le conteneur. Ce solide caisson métallique peut être chargé sur un bateau, un wagon de train ou un camion. Dans les années 1970, il relance les activités des ports de Québec et de Montréal.

©Louis-Michel Major

Chargement de conteneurs dans le port de Montréal.

Port de Québec

Déchargement de blé dans le port de Québec.

LE JOURNAL DU SOIR

Mercredi, 12 mars 1972

Une autoroute navigable

La navigation a repris hier sur le fleuve Saint-Laurent, principale route du transport international des marchandises. Rappelons que d'immenses navires transocéaniques sillonnent le fleuve depuis l'ouverture de la Voie maritime du Saint-Laurent en 1959.

Ce passage creusé dans le fleuve Saint-Laurent facilite l'accès aux Grands Lacs. On y transporte surtout des marchandises en vrac, comme du blé, du minerai de fer ou du charbon. Ce canal, avec ses 15 écluses, remplace le canal Lachine et s'étend de Montréal au lac Érié.

ANC PA-136706

Ouverture officielle de la Voie maritime en 1959.

*Le **Beaver** est un avion de brousse canadien mis en service en 1947. C'est un avion bien adapté aux rigueurs du climat canadien et plus de 62 pays dans le monde l'ont adopté. C'est l'avion de brousse le plus populaire de tous les temps. On l'a surnommé le « camion volant ».*

Le circuit aérien

Le transport des marchandises par avion augmente de manière importante. Mais, le changement véritable est la mise en service de gros appareils capables de transporter des passagers en grand nombre. Dans les années 1970, la population québécoise peut voyager par avion vers tous les continents.

Au Québec, la compagnie aérienne *Quebecair* donne accès à différentes régions, telles que l'Abitibi, le Saguenay, le Bas-Saint-Laurent, la Gaspésie et la Côte-Nord. Les avions de type *Beaver* desservent les régions éloignées du Québec.

Le transport public

Le nombre croissant de travailleurs dans les grandes villes requiert un système de transport public plus efficace. Les autobus remplacent les tramways, jugés trop lents et encombrants.

En 1966, la ville de Montréal inaugure son réseau de transport public souterrain : le métro de Montréal. Fonctionnant à l'électricité, le métro est ouvert à temps pour l'*Expo 67*.

Le métro de Montréal en 1966.

SAVAIS-TU...

Le premier aéroport officiel de Montréal est celui de Saint-Hubert ouvert en 1927. En 1941, la guerre précipite la construction de terrains d'aviation à L'Ancienne-Lorette, près de Québec et à Dorval, près de Montréal. L'augmentation du trafic aérien incite le gouvernement du Canada à construire un nouvel aéroport à Sainte-Scholastique (Mirabel) dans les années 1970. En 1993, l'aéroport de Québec prend le nom d'aéroport international Jean-Lesage et en 2004, celui de Dorval s'appelle désormais Pierre-Elliott-Trudeau.

Le dirigeable R-100 à l'aéroport de Saint-Hubert en 1930.

Du 17 juillet au 1ᵉʳ août 1976 se tiennent à Montréal les jeux de la XXIᵉ Olympiade. Pendant plusieurs jours, la société Radio-Canada diffuse les images des performances des athlètes à travers le monde entier.

Lors de ces Jeux, les performances d'une gymnaste roumaine de 14 ans passent à l'histoire. Nadia Comaneci récolte sept notes parfaites en gymnastique. C'est du jamais vu! Même le tableau indicateur n'a pas été fabriqué pour afficher une note de 10. Elle devient la reine des Jeux Olympiques de Montréal.

©Dom Morley/Topham/Ponopresse

Les communications

De nouvelles technologies

Les nouveautés technologiques bouleversent le domaine des communications. L'ordinateur modifie la façon de transmettre des informations. Les satellites diffusent des images en direct du monde entier et transmettent les appels téléphoniques d'un continent à l'autre. La télévision en couleur apparaît en 1966.

Les satellites de communications canadiens Anik A1, A2 et A3 sont lancés à partir de 1972.

Le téléroman Le temps d'une paix *est très populaire à partir de 1980. De nombreux Québécois aiment retrouver ces personnages illustrant la vie rurale du début du 20ᵉ siècle.*

©Société Radio-Canada

Les véhicules de la culture

La télévision, la radio et la presse écrite deviennent des instruments incontournables pour propager la culture. Des journaux à grand tirage et les magazines spécialisés publient sur tous les sujets. La radio diffuse tous les genres musicaux en plus d'informer ses auditeurs.

À la fin des années 1970, la télédistribution par câble multiplie le nombre de stations et le magnétoscope permet l'enregistrement des émissions de son choix. La majorité des émissions de télévision sont consacrées aux variétés, aux téléromans, aux sports et aux films. Les productions américaines occupent une place importante sur les écrans québécois.

Les droits et les libertés

Tu sais, il est très important que les gens puissent vivre librement selon leurs croyances. À diverses époques, les droits des enfants, des femmes, des Amérindiens, des Métis, des Chinois et même ceux des Canadiens français n'ont pas toujours été respectés.

Les chartes des droits et libertés

Pour assurer les mêmes droits à tous et à toutes, le Premier ministre du Québec, Robert Bourassa, fait voter en 1975 la **Charte** québécoise des droits et libertés de la personne. En 1981, le Premier ministre du Canada, Pierre Elliott Trudeau, fait voter la Charte canadienne des droits et libertés.

Charte : loi ou règle fondamentale qui protège des droits.

Ces chartes des droits et libertés garantissent à tout être humain le droit à la vie, à la liberté et à la sécurité de sa personne. Toute personne a droit à la liberté de religion, d'opinion, d'expression et d'association. Toute personne a droit, entre autres, à la reconnaissance et à l'exercice de ces droits sans distinction de race, de couleur, de sexe, de convictions politiques, de langue, d'origine ethnique ou nationale.

P. Lapointe/Publiphoto

Pierre Elliott Trudeau.

En bref

- Depuis le début de la Révolution tranquille, l'État québécois prend en charge le réseau de la santé et les services sociaux offerts à la population.

- Le réseau de transport se modernise : on construit des routes, la Voie maritime du Saint-Laurent et le métro de Montréal. De plus en plus de voyageurs utilisent le transport aérien.

- De nouvelles technologies transforment les moyens de communication. La télévision, la radio et la presse écrite diffusent la culture québécoise et américaine.

- Les Chartes des droits et des libertés du Québec et du Canada garantissent à tous et à toutes le droit de vivre sans subir de discrimination.

Fais le point

Vérifie tes connaissances

Tu viens d'étudier la période des années 1970. Avec les années 1960, elle représente une période de grands changements. Afin d'organiser toutes ces nouvelles connaissances, fais le point avec ton enseignante ou ton enseignant en remplissant la fiche qu'il ou elle te remettra.

Discute et prends position

Dans les années 1970, la majorité des foyers québécois possède un appareil de télévision. La nouvelle technologie apporte la couleur et les images par satellites. La télévision devient un puissant moyen de communication.

En groupe

1. Le téléviseur est-il un appareil souvent utilisé à la maison ? Combien d'heures passez-vous devant le petit écran ?

2. Quelle est l'utilité de la télévision ? Peut-elle avoir une mauvaise influence sur le comportement des gens ?

Va plus loin

Les nouveautés technologiques sont nombreuses dans les années suivant la Révolution tranquille.

Choisis un domaine qui t'intéresse. L'aviation est un bon exemple. De nombreuses percées techniques marquent l'évolution des « machines volantes ». Retrace ces innovations en indiquant le nom de l'inventeur et la date de l'invention.

Projet de voyage

Halte

Dans le dossier 3, tu as vu des événements et des personnages qui ont marqué le Québec depuis la Révolution tranquille. Dans les années 1970, le gouvernement continue d'intervenir pour aider la population. As-tu noté les innovations technologiques en ce qui concerne le transport et les communications ? Quels sont les changements en ce qui a trait aux droits des citoyens ? La société québécoise vers 1980 est décidément plus moderne ! Tous ces événements et personnages expliquent cette modernité. Assure-toi de bien expliquer cela aux lecteurs de ton journal du siècle !

Projet de voyage

Ce voyage vous a permis de traverser presque tout le 20e siècle. Il vous a fait découvrir les remous de la guerre, la Crise et une remise en question des valeurs traditionnelles. Vous avez pris note pour votre journal d'événements et de personnages déterminants pour la société québécoise depuis la Révolution tranquille.

Assurez-vous :

- de nommer les personnages influents ;
- de préciser les événements majeurs qui expliquent les changements survenus dans la société québécoise.

Trouvez un titre original. Vous pouvez inclure des photos, des notes biographiques, une ligne du temps, des cartes et des notes personnelles.

Votre journal est maintenant vendu en kiosque !

Partagez vos découvertes avec les élèves de la classe et lisez leurs journaux. Comment les autres camarades expliquent-ils les changements de la société québécoise en 1980 ?

Bilan de voyage

Notre voyage à travers le 20ᵉ siècle se termine ici. C'est maintenant le temps d'en faire le bilan. À l'aide de la section COMPÉTENCES POUR VOYAGER à la page 146, décris les changements survenus au sein de la société québécoise entre 1900 et 1980. Inspire-toi des renseignements des trois dossiers de l'escale. Au besoin, consulte l'illustration d'ouverture et le GUIDE DE VOYAGE. Tu pourras ainsi :

- Interpréter les changements survenus dans la société québécoise et sur son territoire.
- En préciser les causes et les conséquences.
- Rendre compte de l'influence de certains personnages et de certains événements sur ces changements.
- Tu pourras aussi expliquer comment ces changements affectent la société d'aujourd'hui.

Discute et prends position une dernière fois

Vers 1980, la société québécoise est profondément différente de ce qu'elle était au début du 20ᵉ siècle. Les valeurs traditionnelles associées à la terre, à la famille et à la religion catholique sont mises à l'écart par les Canadiens français. Ils deviennent des « Québécois » et entrent de plain-pied dans la modernité.

Imagine ce que serait ta vie quotidienne si tu vivais en 1905 au Québec. Aurais-tu les mêmes occupations ? Les mêmes loisirs ? Irais-tu à l'école ? Les valeurs d'aujourd'hui sont-elles les mêmes ? Quels seraient les différences, les avantages ou les désavantages ? Donne ton opinion.

Partage tes idées avec tes camarades. Sois à l'écoute des autres élèves de ta classe. Et place bien toutes ces idées dans tes valises pour un prochain voyage !

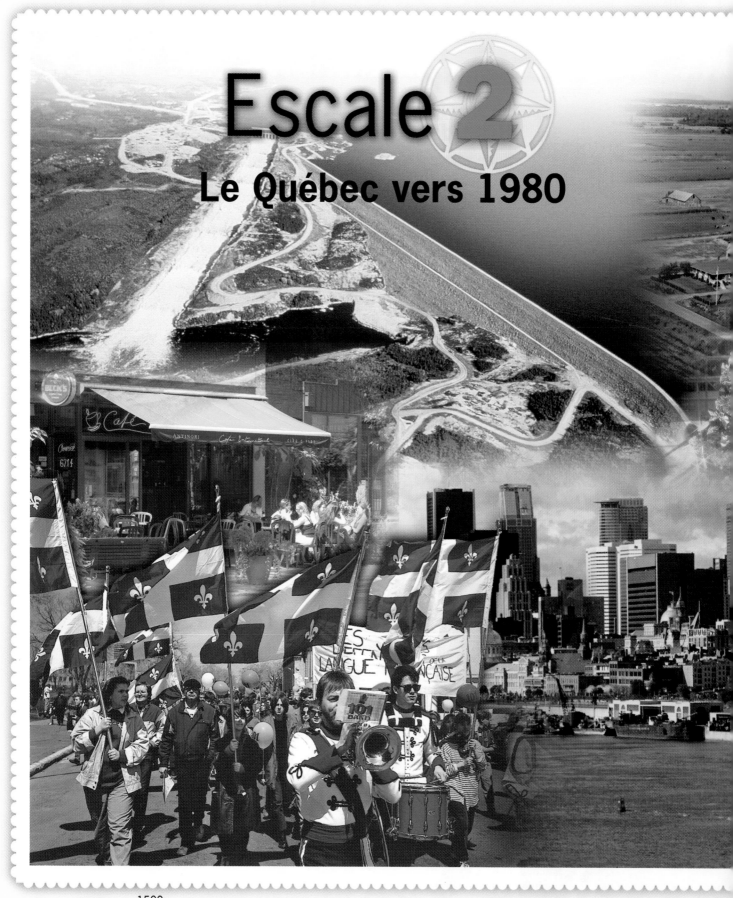

Escale 2
Le Québec vers 1980

Stop! Arrêtons-nous en 1980. De toute façon, j'ai quelques réparations à effectuer sur la machine à voyager dans le temps et l'espace. Tout un vol que celui à travers le 20e siècle!

Depuis la Deuxième Guerre mondiale, le Québec vit une période de prospérité grâce au développement de ses richesses naturelles et des nouvelles technologies. Après les années 1960 et la Révolution tranquille, la société québécoise a connu une série de bouleversements profonds. Et vers 1980, elle a pris le virage de la modernité.

Ton dernier voyage t'a permis de découvrir des événements et des personnages importants des années 1960 et 1970. Nous allons maintenant explorer plus en détail cette société québécoise issue de la Révolution tranquille. Prends tes bagages! Tu as maintenant plusieurs moyens de transport à ta disposition: le train, la voiture, l'avion, le métro. À toi de choisir!

1820	Voyages au Canada	1905	Voyages au Québec	**1980**

1800 | 1801   1900 | 1901   2000 | 2001

Bonjour! Je me présente. Vincent N'Guyen. Je suis d'origine vietnamienne. En 1975, mes parents ont fui la guerre au Viêt-Nam pour venir s'installer au Québec. Nous parlons très bien le français, car le Viêt-Nam a déjà été une colonie française, un peu comme le Québec l'était au temps de la Nouvelle-France.

Aujourd'hui, j'habite à Chicoutimi, dans la région du Saguenay–Lac-Saint-Jean. Ma mère est infirmière et mon père travaille à l'usine d'aluminium. L'adaptation n'a pas été facile. Tu imagines! Du Viêt-Nam au Québec! Mais les gens ont été très hospitaliers, très chaleureux et nous ont aidés à nous installer.

Avec la direction de l'école et la communauté locale, nous organisons l'accueil de cinq élèves provenant de différents pays francophones du monde. Ces élèves passeront une année entière à Chicoutimi.

Pour bien les préparer à ce séjour, nous fabriquerons et leur enverrons une série de publicités destinées à faire connaître le Québec. Ces élèves pourront ainsi se faire une idée plus précise de la géographie du Québec, du système politique, des activités économiques et du mode de vie des Québécois. Et crois-moi, c'est bien pratique de savoir tout cela avant de partir pour une nouvelle destination. J'en sais quelque chose! Je compte sur toi pour nous aider à faire notre publicité.

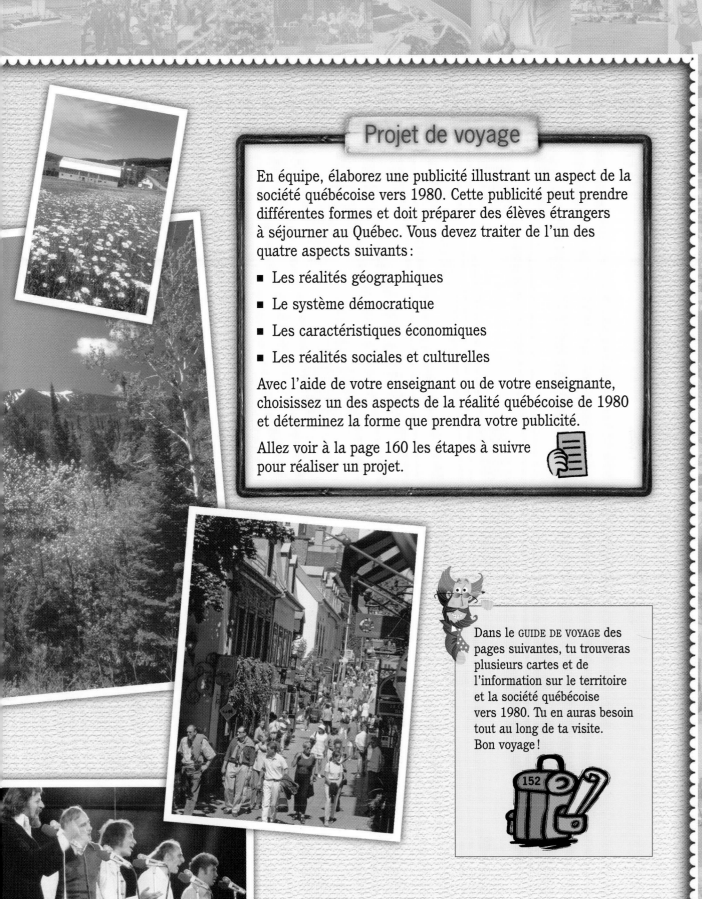

Projet de voyage

En équipe, élaborez une publicité illustrant un aspect de la société québécoise vers 1980. Cette publicité peut prendre différentes formes et doit préparer des élèves étrangers à séjourner au Québec. Vous devez traiter de l'un des quatre aspects suivants :

- Les réalités géographiques
- Le système démocratique
- Les caractéristiques économiques
- Les réalités sociales et culturelles

Avec l'aide de votre enseignant ou de votre enseignante, choisissez un des aspects de la réalité québécoise de 1980 et déterminez la forme que prendra votre publicité.

Allez voir à la page 160 les étapes à suivre pour réaliser un projet.

Dans le GUIDE DE VOYAGE des pages suivantes, tu trouveras plusieurs cartes et de l'information sur le territoire et la société québécoise vers 1980. Tu en auras besoin tout au long de ta visite. Bon voyage !

152

Les traits physiques du Québec

Les régions physiographiques

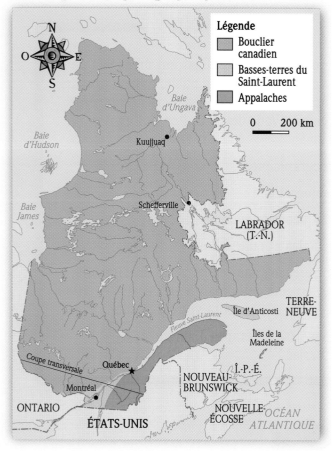

Légende
- Bouclier canadien
- Basses-terres du Saint-Laurent
- Appalaches

0   200 km

Baie d'Ungava

Baie d'Hudson

Kuujjuaq

Baie James

Schefferville

LABRADOR (T.-N.)

Île d'Anticosti

TERRE-NEUVE

Îles de la Madeleine

Coupe transversale

Québec

Montréal

ONTARIO

ÉTATS-UNIS

NOUVEAU-BRUNSWICK

Î.-P.-É.

NOUVELLE-ÉCOSSE

OCÉAN ATLANTIQUE

Fleuve Saint-Laurent

Les zones de végétation et la forêt

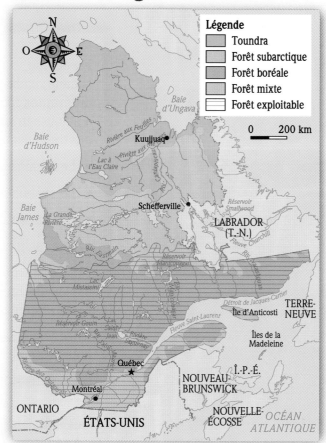

Légende
- Toundra
- Forêt subarctique
- Forêt boréale
- Forêt mixte
- Forêt exploitable

0   200 km

Baie d'Ungava

Baie d'Hudson

Rivière aux Feuilles

Lac à l'Eau Claire

Rivière aux

Kuujjuaq

Baie James

La Grande Rivière

Schefferville

Réservoir Smallwood

LABRADOR (T.-N.)

Fleuve Churchill

Riv. Eastmain

Réservoir Manicouagan

Lac Mistassini

Réservoir Gouin

Détroit de Jacques-Cartier

Île d'Anticosti

TERRE-NEUVE

Fleuve Saint-Laurent

Îles de la Madeleine

Québec

Montréal

ONTARIO

ÉTATS-UNIS

NOUVEAU-BRUNSWICK

Î.-P.-É.

NOUVELLE-ÉCOSSE

OCÉAN ATLANTIQUE

Coupe transversale des régions physiographiques

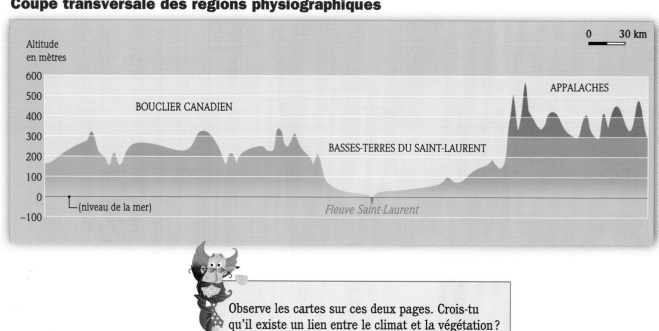

0   30 km

Altitude en mètres

600
500
400
300
200
100
0
−100

BOUCLIER CANADIEN

APPALACHES

BASSES-TERRES DU SAINT-LAURENT

(niveau de la mer)

Fleuve Saint-Laurent

Observe les cartes sur ces deux pages. Crois-tu qu'il existe un lien entre le climat et la végétation ?

Les principaux cours d'eau et les sols fertiles

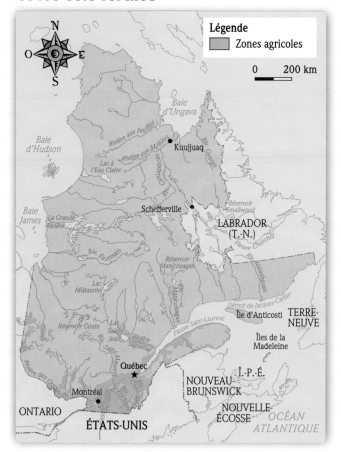

Légende
Zones agricoles

0   200 km

Les climats

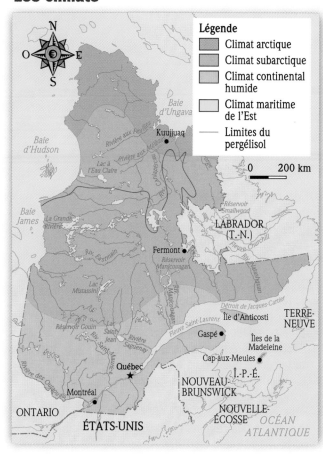

Légende
Climat arctique
Climat subarctique
Climat continental humide
Climat maritime de l'Est
Limites du pergélisol

0   200 km

Un caribou.

Une ferme fleurie.

Un lièvre arctique.

Un pommier.

Les climats du Québec

Climat arctique
- Hivers très longs et très froids
- Étés courts et frais
- Précipitations faibles

Climat subarctique
- Hivers longs et froids
- Étés courts et frais
- Précipitations moyennes

Climat continental humide
- Hivers plutôt longs et froids
- Étés chauds, humides et plutôt courts
- Précipitations régulières et abondantes

Climat maritime de l'Est
- Hivers plutôt longs et froids
- Étés chauds, humides et plutôt courts
- Températures moyennes plus fraîches que celles du climat continental humide
- Précipitations régulières et abondantes

Les régions administratives du Québec (1997)

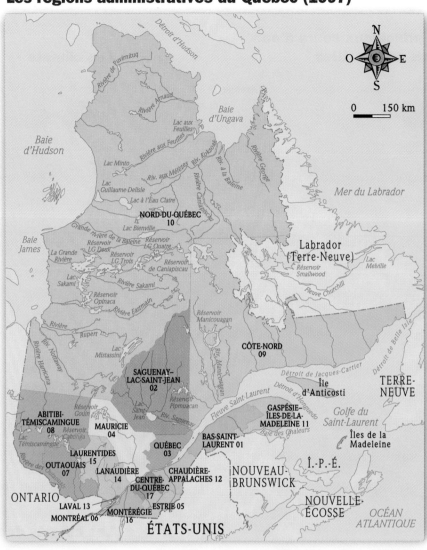

SAVAIS-TU...

Le découpage du territoire québécois en régions administratives a été décidé par le gouvernement afin de rendre ses services administratifs plus accessibles à la population. Ceci permet également aux ministères et organismes gouvernementaux de coordonner plus efficacement leurs activités régionales.

Depuis 1966, le découpage du territoire a évolué pour mieux répondre aux besoins de la population. Ainsi, en 1966, une première division du territoire québécois en 10 régions administratives distinctes a été adoptée. Puis, en décembre 1987, le nombre des régions était porté à 16. Enfin, en 1997, on ajoutait une 17e région. Le territoire québécois est aujourd'hui découpé en 17 régions administratives. La carte ci-contre montre le découpage de 1997.

La CARTE DE VOYAGE de la page suivante donne de l'information sur le développement des richesses naturelles, l'espace habité par la population et le transport au Québec vers 1980.

La population du Québec en 1981	
Origine ethnique	
Française	**5 105 670**
Britannique	**487 380**
Italienne	**163 735**
Juive	**90 355**
Grecque	**49 420**
Amérindienne et inuite	**46 855**
Allemande	**33 770**
Portugaise	**27 375**
Autres : polonaise, chinoise, espagnole, indochinoise, haïtienne, etc.	**433 843**
TOTAL	**6 438 403**

CARTE DE VOYAGE   La société québécoise vers 1980

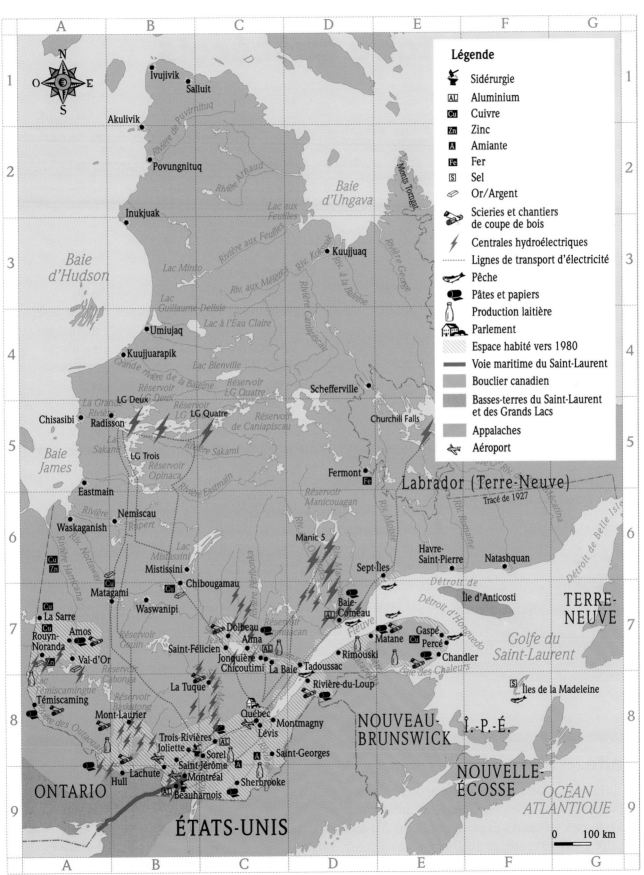

Le territoire québécois

Ce dossier illustre les principaux éléments physiques en lien avec le développement économique du Québec vers 1980. Le GUIDE DE VOYAGE te sera très utile pour comprendre les atouts et les contraintes de ce grand territoire.

Souvenirs de voyage

Un territoire riche

Lors de son passage dans la vallée du Saint-Laurent en 1534, Jacques Cartier note dans son journal de bord tous les avantages du territoire québécois, qu'il nomme alors Canada. Il décrit les innombrables poissons, rivières, forêts et terres cultivables qu'il découvre.

Pendant les siècles qui vont suivre, les Amérindiens, les Français, les Britanniques et les peuples de dizaines de nations vont contribuer à mettre ce territoire en valeur.

ANC C-010521

Jacques Cartier sur le mont Royal.

Du Bouclier canadien aux Appalaches, en passant par les basses-terres du Saint-Laurent, la population s'installe, cultive la terre et se consacre au commerce. On amorce le développement et la mise en valeur des richesses naturelles : le bois, les mines et les rivières, dont la puissance procure de l'électricité.

Vers 1980, le Québec bénéficie des différentes activités économiques liées aux richesses naturelles.

ANC C-150581

Laboureur avec deux bœufs.

Projet de voyage

Halte

Ce premier dossier décrit la répartition de la population sur le territoire québécois et les aspects économiques du Québec en fonction des réalités géographiques vers 1980. Illustre ces éléments dans ta publicité. Tu aideras ainsi Vincent N'Guyen à bien décrire l'environnement du Québec aux jeunes francophones étrangers.

Le visage de la province de Québec

Le Québec est la plus grande des dix provinces du Canada. Son territoire couvre 1 540 680 kilomètres carrés et représente 15 % de la superficie totale du Canada. En 1981, le Québec a une population de 6,5 millions d'habitants, tandis que le Canada en compte 24,3 millions.

Les frontières

Le Québec est baigné au nord-ouest par la baie d'Hudson et au nord par le détroit d'Hudson. Il a comme voisins à l'ouest l'Ontario, à l'est le Labrador et Terre-Neuve et au sud-est le Nouveau-Brunswick. Au sud, il partage sa frontière avec les États américains de New York, du Vermont, du New Hampshire et du Maine.

La superficie du territoire québécois de 1980 n'a pas changé depuis 1927. Pendant longtemps, la frontière entre le Labrador et le Québec a été contestée. En 1927, la Grande-Bretagne tranche officiellement en faveur de Terre-Neuve et en fixe la frontière.

Sur la carte ci-dessous, observe la position du Québec dans le Canada. Compare sa situation géographique à celle de ses voisins. Crois-tu que la situation géographique a une incidence sur le développement économique ?

Le Québec dans le Canada en 1980

La vallée du Saint-Laurent compte de nombreux villages.

Un des nombreux postes des douanes canadiennes sur la longue frontière avec les États-Unis.

Le Bouclier canadien

Relief

Le Bouclier canadien a la forme d'un fer à cheval qui entoure la baie d'Hudson. C'est une des plus anciennes formations géologiques du monde. Il couvre 90 % de la superficie du Québec. C'est un vaste plateau rocheux où on trouve des collines et quelques montagnes qui atteignent un peu plus de mille mètres.

À la limite sud du Bouclier canadien s'étire une très ancienne chaîne de montagnes, les Laurentides, aux sommets arrondis par l'érosion.

Constitués de roches parmi les plus anciennes de la Terre, les monts Torngat, situés dans le Bouclier canadien à l'extrême nord de la frontière entre le Labrador et le Québec, sont les plus hauts sommets de la province.

Des arbres nains, des lichens et des mousses composent la végétation de la toundra dans la région subarctique.

Climat

Le Bouclier canadien est tellement grand qu'on y trouve trois zones climatiques. Au nord, c'est la zone du climat arctique où les étés trop courts ne permettent pas au sol de dégeler à plus de 80 cm de la surface. La zone du climat subarctique, situé au centre, connaît deux saisons : des hivers froids et des étés courts et frais. Le climat continental humide de la partie sud du Bouclier canadien se caractérise par des étés chauds et humides et des hivers froids.

Rappel

On a découvert très tôt les richesses du Bouclier canadien. Dès le début de la Nouvelle-France, les marchands de fourrures s'y approvisionnent. Au 18e siècle, aux Forges du Saint-Maurice, on transforme du minerai de fer près de Trois-Rivières. Au 19e siècle, on exploite les immenses réserves de bois de la forêt. Puis, au début du 20e siècle, la découverte de gisements d'or, d'argent et de cuivre provoque l'essor de l'Abitibi.

Climat arctique

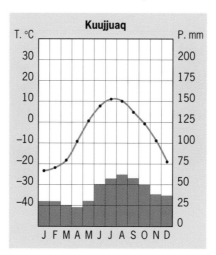

Climat subarctique

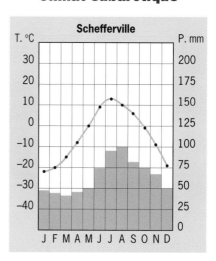

L'approvisionnement dans le Grand Nord québécois se fait par avion.

Le visage humain

Le Bouclier canadien est peu habité et son sol est peu propice à l'agriculture. Les principaux centres de population sont situés en Abitibi-Témiscamingue, dans les Laurentides, au Saguenay–Lac-Saint-Jean et sur la Côte-Nord. Dans la région Nord-du-Québec vivent quelques milliers d'Inuits et de Cris.

Des mineurs en Abitibi.

Rappel

À la fin du 19e siècle, le gouvernement du Québec et le clergé catholique encouragent l'installation des familles dans les nouvelles régions de colonisation : les Laurentides, le Lac-Saint-Jean, le Témiscamingue. Quelques années plus tard, des colons s'installent en Abitibi.

Le développement des richesses

Les richesses naturelles abondent dans le Bouclier canadien. Les plateaux sont en très grande partie recouverts de conifères (épinettes, pins, sapins et mélèzes). La forêt boréale du Bouclier canadien contient la plus riche réserve de bois de toute la province. Le bois de sciage et l'industrie des pâtes et papiers sont une source majeure d'emplois.

La forêt boréale du Bouclier canadien approvisionne l'industrie des pâtes et papiers.

Les puissantes rivières de la région permettent la construction de barrages hydroélectriques. Les plus grands chantiers hydroélectriques se situent à la baie James, sur la Côte-Nord et en Mauricie au nord de Trois-Rivières. Les barrages du Saguenay–Lac-Saint-Jean procurent l'énergie nécessaire au plus grand complexe de production d'aluminium au monde. L'Abitibi est la région minière la plus importante du Québec. Le sous-sol du Bouclier contient, entre autres, du cuivre, de l'or, de l'argent, du zinc et du fer.

On produit de l'aluminium en très grande quantité dans la région du Saguenay–Lac-Saint-Jean.

Dans le Nord-du-Québec, le climat est rude et l'agriculture totalement impossible. Les Inuits et les Cris vivent surtout de chasse et de pêche. Il n'est possible de pratiquer l'agriculture que dans la région du lac Saint-Jean et au Témiscamingue. Ce sont les seuls endroits où la terre est fertile. Dans les Laurentides, l'industrie touristique est très importante et attire de nombreux adeptes des activités de plein air.

Situe les richesses naturelles exploitées dans le Bouclier canadien sur ta CARTE DE VOYAGE.

À l'aide de ton GUIDE DE VOYAGE, situe les basses-terres du Saint-Laurent et observe la végétation, le climat et les principaux cours d'eau.

Les basses-terres du Saint-Laurent

Relief et richesses

Les basses-terres du Saint-Laurent sont situées entre le Bouclier canadien et les Appalaches. C'est la plus petite des trois régions physiographiques du Québec. C'est cependant la plus peuplée. Les nombreuses rivières facilitent la navigation et le fleuve Saint-Laurent est un axe de communication très important qui permet de relier le continent nord-américain au reste du monde.

Le relief de plaines s'étend de Québec jusqu'au sud-ouest de Montréal sur les deux rives du fleuve Saint-Laurent. Quelques collines, les Montérégiennes, parsèment la plaine, dont les monts Royal, Saint-Hilaire, Saint-Bruno, Rougemont et Saint-Grégoire.

Le mont Saint-Hilaire.

Les sols sont très fertiles dans les basses-terres du Saint-Laurent. Toutefois, la construction d'habitations a réduit la superficie de la zone agricole au fil des années. Le gouvernement québécois, avec une loi sur le zonage agricole, freine maintenant l'expansion urbaine en milieu agricole. Le sous-sol de la région contient peu de ressources naturelles.

Climat continental humide

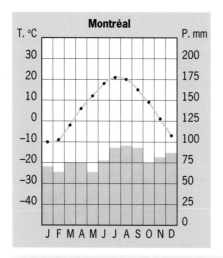

Climat et végétation

Les basses-terres du Saint-Laurent ont un climat continental humide avec des étés chauds et humides et des hivers froids. Les chutes de neige y sont importantes. Les précipitations d'eau sont régulières et bien distribuées. La forêt mixte, composée de feuillus et de conifères, a été défrichée en majeure partie lors de l'installation des colons.

Les basses-terres du Saint-Laurent.

De nombreux navires transatlantiques utilisent la voie navigable du fleuve Saint-Laurent.

Le visage humain

La population du Québec est concentrée dans les basses-terres du Saint-Laurent où plus de 60 % des gens habitent dans des villes de plus de 100 000 habitants. Les principales villes se situent dans cette étroite bande de terres entre le Bouclier canadien et les Appalaches.

La région urbaine de Montréal est la plus peuplée de la province et la seconde au Canada après la ville de Toronto en Ontario. Dans les basses-terres du Saint-Laurent, la région de Québec est la plus peuplée après Montréal, suivie par les régions de Hull et de Trois-Rivières.

Les activités économiques

Les sols fertiles et le climat favorisent grandement l'agriculture dans les basses-terres du Saint-Laurent. Les fermes de production laitière sont très nombreuses. Pour nourrir le bétail, on cultive les plantes fourragères, le maïs et les grains. On pratique, entre autres, la **pomoculture**, la culture **maraîchère** et la culture du tabac. On fait aussi l'élevage des porcs à grande échelle.

La région est très industrialisée. Dans les villes, de nombreux emplois sont liés à la production de différents biens de consommation : vêtements, meubles, aliments, composantes électroniques, matériel de transport et produits métalliques et chimiques.

La région fournit des matériaux de construction en grande quantité : sable, gravier et calcaire. Le siège du gouvernement, situé dans la ville de Québec, génère de nombreux emplois dans la fonction publique. Beaucoup de touristes visitent les villes et villages des basses-terres du Saint-Laurent. Ils sont attirés par la beauté des paysages, les richesses du patrimoine historique ou encore les nombreux festivals.

Rappel

Des Amérindiens peuplent la vallée du fleuve Saint-Laurent bien avant l'installation des Français. Stadaconé et Hochelaga sont des villages importants au 16e siècle. Au 17e siècle, les Français fondent Québec, Trois-Rivières, puis Ville-Marie qui prendra le nom de Montréal.

Un laboratoire de recherche.

Pomoculture : culture du pommier.
Maraîchère : (culture) des légumes.

Les touristes sont nombreux dans la rue du Petit-Champlain à Québec.

À l'aide de ton GUIDE DE VOYAGE, situe les Appalaches et observe la végétation et le climat.

Les Appalaches

Relief et richesses

Le sud-est du Québec est traversé par une longue chaîne de très anciennes montagnes, les Appalaches. Elle s'étend sur plus de 2500 km, de Terre-Neuve jusqu'en Alabama aux États-Unis, en passant par la Gaspésie et les Cantons-de-l'Est.

Le relief est constitué de collines, de plateaux et de grandes vallées. Le plus haut sommet des Appalaches au Québec est le mont Jacques-Cartier, qui s'élève à 1268 mètres d'altitude. Les rivières sont nombreuses mais moins puissantes que celles du Bouclier canadien.

Le sous-sol renferme du cuivre, du plomb, du zinc et de l'amiante, alors que le fleuve et le golfe du Saint-Laurent regorgent de poissons comme la morue, le saumon ou le hareng et des crustacés, tel que le homard.

> **Rappel**
>
> Sous le Régime français, des colons s'installent sur les rives du Saint-Laurent, de la Gaspésie et des Îles-de-la-Madeleine pour pêcher. D'autres commencent à défricher la terre pour se nourrir. Les Cantons-de-l'Est se développent plus tard avec l'arrivée des Loyalistes américains fuyant les États-Unis vers 1785.

Le mont Albert en Gaspésie.

Climat et végétation

Les Appalaches sont situées dans la zone de climat continental humide. Les vallées et les pentes des plateaux sont couvertes de sols fertiles. La forêt de feuillus et de conifères recouvre le flanc des montagnes, alors que sur les sommets plus élevés pousse la forêt boréale.

Une mine d'amiante à Asbestos, dans les Appalaches.

Un troupeau de vaches laitières dans le Bas-Saint-Laurent.

Une ferme dans la Beauce.

Littoral : le bord de la mer, la côte, le rivage.

La pêche au homard.

Un plateau agricole des Cantons-de-l'Est.

Le visage humain

La population québécoise vivant dans les Appalaches est répartie des Cantons-de-l'Est à la Gaspésie. Dans la portion sud, les gens vivent dans les vallées ou les plateaux. Plus au nord, au Bas-Saint-Laurent et en Gaspésie, les zones d'habitation se situent près des côtes et sont plutôt rurales.

Les principales villes sont Sherbrooke dans les Cantons-de-l'Est, Saint-Georges et Sainte-Marie dans la Beauce. Du Bas-Saint-Laurent à la Gaspésie, les villes de Rivière-du-Loup, Rimouski, Matane et Gaspé regroupent la majorité des habitants.

Les activités économiques

L'exploitation forestière est importante dans toute la région. La forêt mixte des Appalaches est abondante et exploitée pour la production de pâtes et papiers et le bois de construction. Le secteur minier produit du cuivre et de l'amiante. L'agriculture se spécialise dans l'industrie laitière.

La région de la Gaspésie–Îles-de-la-Madeleine est le plus important centre de pêche commerciale du Québec. L'industrie touristique crée de nombreux emplois dans les Appalaches. La beauté des paysages et du **littoral** attire les visiteurs, alors que la montagne fait le bonheur des adeptes des activités de plein air.

En bref

- Le territoire québécois est immense mais peu peuplé. Il se subdivise en régions administratives et ses frontières sont les mêmes depuis 1927.

- Le Bouclier canadien est riche en forêts et en ressources minières. De puissantes rivières produisent de l'hydroélectricité. C'est une région peu habitée au rude climat.

- Les basses-terres du Saint-Laurent jouissent d'un climat continental humide plus favorable. On y trouve un relief de plaines aux sols fertiles. La population du Québec se concentre dans cette région très industrialisée.

- Les Appalaches sont une zone montagneuse. La proximité de la mer favorise la pêche. Les vallées, les plateaux et le climat permettent l'agriculture. Le sous-sol renferme des métaux et la forêt mixte alimente l'industrie du bois.

Vérifie tes connaissances

Tu viens d'observer le développement économique et la répartition de la population en fonction des réalités géographiques sur le territoire québécois vers 1980. Afin d'organiser toutes ces nouvelles connaissances, fais le point avec ton enseignante ou ton enseignant en remplissant la fiche qu'elle ou qu'il te remettra.

Discute et prends position

Depuis toujours, les sociétés ont aménagé le territoire pour répondre à leurs besoins. Au début des années 1970, la demande grandissante d'énergie électrique amène le gouvernement du Québec à ériger de nouvelles centrales hydroélectriques sur La Grande Rivière, dans le Bouclier canadien, près de la baie James. Toutefois, on se demande quels seront les impacts d'un tel projet sur le mode de vie des autochtones et sur l'environnement.

En groupe

1. Selon vous, à qui appartient ce territoire que l'on veut exploiter? Le gouvernement québécois peut-il entreprendre la construction d'un barrage hydroélectrique où il le veut et comme il le veut?

2. Selon vous, quelles sont les conséquences de ces aménagements sur la population locale, la faune et la flore?

Va plus loin

Imagine que tu dois décider où tu veux vivre dans la grande province de Québec ou ailleurs dans le Canada ou dans le monde. Chaque lieu géographique, selon les caractéristiques de son territoire, offre une vie différente. Tous les choix sont possibles, mais il te faut favoriser un lieu en fonction de tes intérêts et de tes rêves. Fais ton choix et indique les avantages et les désavantages du lieu que tu as choisi dans un texte ou au moyen d'une illustration.

Projet de voyage

Halte

Ce premier dossier décrit les traits physiques du Québec. Tu as visité trois régions physiographiques avec leurs caractéristiques économiques et la répartition de la population vers 1980. Aide Vincent N'Guyen à élaborer une publicité en utilisant ces renseignements liés à la géographie.

Réalisation

De grands défis pour le Québec

Ce dossier présente les aspects politiques et économiques de la société québécoise vers 1980. La CARTE DE VOYAGE de 1980 te sera très utile.

Souvenirs de voyage

Le Premier ministre Jean Lesage (au centre), accompagné de René Lévesque et de Paul Gérin-Lajoie en 1960.

Hydro-Québec

Le barrage Manic 5 a été renommé Daniel-Johnson en l'honneur de cet ancien Premier ministre du Québec.

Avant 1960, les gouvernements québécois laissaient les communautés religieuses s'occuper de la santé et de l'éducation. L'État intervenait également très peu dans les affaires économiques. En 1960, le Parti libéral de Jean Lesage gagne les élections au Québec. C'est le début de la Révolution tranquille.

Le gouvernement de Jean Lesage intervient alors dans le domaine social et économique en mettant en place des institutions modernes. Dorénavant, l'État défraie les coûts de l'hospitalisation des patients et l'école devient obligatoire et gratuite jusqu'à 16 ans.

Dans le domaine économique, la société d'État, Hydro-Québec, achète les plus importantes compagnies d'électricité au Québec. Le gouvernement québécois prend ainsi le contrôle du développement de l'énergie électrique de la province.

Ces interventions de l'État manifestent une volonté de la part des Québécois d'entrer de plain-pied dans la modernité. La population du Québec s'affirme et veut se prendre en main.

Projet de voyage

Halte

Le dossier 2 traite des aspects économiques et politiques au Québec vers 1980. Ta publicité doit faire un portrait de ces réalités. Vincent pourra aider les élèves étrangers à mieux comprendre la situation économique du Québec et la façon dont on gouverne la province.

Rappel

L'industrialisation débute au Québec vers 1850. Dans les usines et les manufactures, les ouvriers sont majoritairement francophones alors que les patrons sont anglophones.

La modernité en héritage

L'État interventionniste

La société québécoise de 1980 a hérité des grands changements survenus depuis la Révolution tranquille des années 1960. Depuis cette époque, l'État québécois intervient dans les domaines économiques et sociaux. Par exemple, l'État contrôle le développement de l'hydroélectricité grâce à Hydro-Québec qui lui appartient. C'est le ministère de l'Éducation qui assure l'éducation des jeunes du Québec. C'est aussi le gouvernement qui fournit des soins de santé gratuits à toute la population.

Les Premiers ministres Jean Lesage, Robert Bourassa et René Lévesque ont tous les trois été des artisans importants du Québec moderne.

Le marché du travail

Après la Révolution tranquille, un des changements remarquables est le nombre de plus en plus élevé de francophones à diriger des entreprises. L'État encourage les entrepreneurs à se lancer en affaires par la mise sur pied de différents programmes de financement. Beaucoup de francophones ayant peu d'argent profitent de cette occasion.

De plus, pour assurer les nombreux services à la population, l'État doit embaucher des milliers de travailleurs, dont un nombre important de francophones. C'est le cas, par exemple, des ingénieurs d'Hydro-Québec qui doivent planifier les nombreux projets hydroélectriques.

Mais surtout, l'accession des jeunes francophones à des postes de responsabilités s'explique par la réforme du système d'éducation en 1964. La jeunesse a dorénavant accès gratuitement aux études secondaires et les frais collégiaux et universitaires sont très bas. Ainsi, plus de jeunes sont diplômés et en mesure d'occuper des postes de direction ou de chefs d'entreprises.

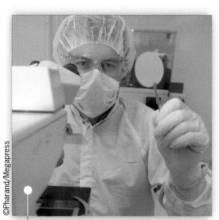

Vers 1980, la Société générale de financement (SGF) est un organisme important de l'État québécois qui aide les entrepreneurs à mettre en œuvre des projets de développement économique.

SAVAIS-TU...

En 1961, seulement 26 % des institutions financières, telles les banques, avaient de hauts dirigeants de langue française. En 1978, ce pourcentage a presque doublé : 45 % de ces institutions sont désormais dirigées par des francophones.

HÉRITAGE

L'intervention du gouvernement auprès de la population est très importante. Les polyvalentes et les cégeps permettent encore aujourd'hui à un grand nombre de jeunes Québécois et Québécoises d'accéder à l'éducation. Tous les citoyens peuvent recevoir des soins de santé gratuitement avec l'assurance-maladie.

L'apport des femmes

Le marché du travail s'est transformé depuis 1960. Notamment, les femmes occupent de plus en plus de postes importants. Elles bénéficient d'un système d'éducation où filles et garçons ont les mêmes chances de réussir.

Dans les entreprises, le salaire qu'elles obtiennent se rapproche de celui des hommes. Les femmes travaillant pour le gouvernement du Québec, par exemple dans le domaine de l'éducation ou de la santé, reçoivent maintenant le même salaire que les hommes.

Des industries modernes

Vers 1980, les industries québécoises sont des industries modernes. Elles possèdent de l'équipement de pointe. Les ordinateurs facilitent l'administration des entreprises. Dans les grandes usines, la production se fait à l'aide d'appareils et d'outils automatisés.

Le nombre d'industries fabriquant de la machinerie, du matériel de transport ou des appareils électriques augmente. De nouvelles usines sont apparues, comme celle de l'automobile ou de l'aéronautique.

Megapress/J.Pharanc

Une vétérinaire au travail.

> ### Rappel
> À la fin du 19e siècle, le nombre de femmes sur le marché du travail augmente considérablement avec l'industrialisation. Elles sont nombreuses dans les manufactures de textile ou de vêtements au Québec. Vers 1900, elles reçoivent généralement la moitié du salaire d'un homme.

VUE D'AILLEURS

Le 12 avril 1981, la navette spatiale *Columbia* décolle du Centre spatial Kennedy en Floride. Pour la première fois, un véhicule de l'espace est propulsé comme une fusée et revient sur la Terre en atterrissant comme un avion.

Bombardier

L'avion-citerne CL-415 mis au point au Québec est vendu partout dans le monde.

La CARTE DE VOYAGE indique les emplacements où des richesses naturelles sont exploitées au Québec vers 1980.

Hydro-Québec

Hydro-Québec développe une grande expertise dans la production et le transport de l'énergie électrique.

Rappel

Au 19ᵉ siècle, de nombreuses familles du Québec produisent elles-mêmes leur nourriture et fabriquent leurs vêtements en « étoffe du pays ».

Les guichets automatiques facilitent les transactions bancaires.

©Megapress

Les richesses naturelles

L'exploitation des richesses naturelles est très importante au Québec. Le développement du potentiel hydroélectrique a permis de créer de nombreux emplois. Après les grands centres hydroélectriques de la Côte-Nord, Hydro-Québec construit des barrages sur La Grande Rivière, près de la baie James, vers 1980. Non seulement Hydro-Québec assure l'énergie électrique sur l'ensemble du territoire québécois, mais exporte ses surplus aux États-Unis.

L'extraction des ressources minières de l'Abitibi a donné un essor considérable à cette région. En 1980, des mines de cuivre, de zinc, d'or et d'argent sont en opération. L'industrie des pâtes et papiers emploie de nombreux travailleurs dans plusieurs région du Québec.

Des commerces plus nombreux

Vers 1980, les activités commerciales connaissent un essor sans précédent. L'alimentation occupe une grande place, suivie de la vente d'automobiles. De plus en plus de produits et de services sont offerts à la population du Québec.

L'augmentation des salaires et la possibilité d'acheter à crédit expliquent la hausse des ventes. La population québécoise remplace les aliments et les vêtements faits à la maison par des produits fabriqués en usine. Pour stimuler la vente de leurs produits, les entreprises développent de nouvelles stratégies. La publicité devient omniprésente. Les centres commerciaux, très populaires aux États-Unis, sont de plus en plus nombreux au Québec.

Les supermarchés attirent de nombreux consommateurs. En 1982, les aliments et les boissons représentent 18 % de ce qui est produit au Québec.

©M.Rosevear

De nouvelles zones industrielles

La Voie maritime du Saint-Laurent facilite le déplacement de grandes quantités de marchandises sur les bateaux transatlantiques. Le chemin de fer joue toujours un rôle de premier plan dans le transport transcanadien. Vers 1980, les marchandises placées dans des conteneurs sont transportées par camion sur un réseau d'autoroutes modernes. L'avion offre aussi le transport du courrier et de produits à destination de l'étranger.

Beaucoup d'entreprises choisissent maintenant de s'installer près du réseau autoroutier. Les anciennes zones industrielles, situées près des terminaux des trains et des voies d'eau, sont abandonnées au profit des parcs industriels situés dans les villes de banlieue. Par exemple, à Montréal, les entreprises quittent le canal de Lachine ou les rives du fleuve Saint-Laurent pour s'installer dans les villes de banlieue de Saint-Laurent, Anjou ou Laval. À Québec, on délaisse les berges de la rivière Saint-Charles pour s'établir sur les boulevards Charest et Hamel.

Plusieurs municipalités près des axes routiers offrent des emplacements dans leur parc industriel.

On utilise la moissonneuse-batteuse pour récolter le foin.

Ferme de subsistance : ferme qui permet de faire vivre une famille.

L'agriculture québécoise

La production laitière domine l'agriculture vers 1980 et représente 33 % des revenus. La production du porc suit avec 20 % et celle de la volaille et des œufs avec 13 %. L'élevage des bovins compte pour 10 % de la production. On cultive aussi du foin, de l'avoine et du maïs.

Les petites **fermes de subsistance** ont à peu près disparu. Les exploitations agricoles occupent de très grandes surfaces et utilisent une machinerie complexe. La population agricole a beaucoup diminué depuis le début du 20e siècle. En 1976, à peine 200 000 personnes vivent de l'agriculture sur plus de six millions d'habitants. Et 74 % de cette population agricole vit dans les basses-terres du Saint-Laurent.

Depuis 1950, la constante progression de l'étalement des villes a considérablement réduit la superficie des terres cultivées. C'est le cas notamment à Laval, sur la Rive-Sud de Montréal ou dans la vallée du Richelieu. Les terres cultivées cèdent la place aux projets domiciliaires ou à des parcs industriels. En 1978, le gouvernement du Québec adopte la loi du zonage agricole pour protéger le territoire agricole en interdisant de diviser ces terres fertiles pour y construire des maisons.

Les producteurs de lait utilisent des trayeuses mécaniques.

Une remise en question

Le mouvement nationaliste

F. Renaud/Publiphoto

René Lévesque, lors de la prise du pouvoir par le Parti québécois, le 15 novembre 1976.

Le mouvement nationaliste est représenté par ceux qui veillent à la sauvegarde de la langue française et de la culture québécoise. Beaucoup de ces citoyens souhaitent que le Québec se sépare du Canada et devienne un pays indépendant. Cette idée d'indépendance est très forte en 1980.

René Lévesque, ministre libéral sous Jean Lesage à l'origine de la nationalisation de l'électricité, quitte le Parti libéral pour former son propre parti : le Parti québécois. Ce parti prône la **souveraineté** du Québec et regroupe la majorité des nationalistes québécois. En 1976, le Parti québécois remporte les élections et René Lévesque devient Premier ministre du Québec.

Pour d'autres Québécois, le Québec doit demeurer dans le Canada. Selon eux, la Confédération canadienne permet au Québec de s'épanouir. Pour Pierre Elliott Trudeau, les Québécois doivent prendre leur place au sein du gouvernement canadien. En 1968, il est élu Premier ministre du Canada. Il croit en un Canada bilingue et multiculturel.

Souveraineté : caractère d'un État qui n'est pas soumis à l'autorité d'un autre État.

Publiphoto

Pierre Elliott Trudeau, Premier ministre du Canada en 1980, croit que la province de Québec ne doit pas se séparer du Canada.

Le drapeau du Québec devient l'emblème des nationalistes québécois. On le place bien en vue lors des manifestations.

Y. Beaulieu/Publiphoto

Rappel

En 1867, la province de Québec devenait l'une des quatre provinces fondatrices du Canada. Cette adhésion à la Confédération s'est réalisée lorsque les députés du Canada-Uni ont voté en faveur de l'union des provinces.

SAVAIS-TU...

Sur le drapeau québécois, appelé fleurdelisé, on trouve une croix blanche et quatre fleurs de lys. La croix représente le christianisme alors que les fleurs de lys rappellent ce symbole qui était autrefois celui des rois de France.

Vivre en français

La langue française suscite de nombreux débats depuis la Révolution tranquille. La majorité des Québécois parle le français mais la langue anglaise demeure très utilisée dans le monde des affaires. À Montréal, l'affichage en anglais est très courant.

L'État québécois vote alors une série de lois destinées à protéger la langue française. En 1974, en votant la Loi 22, Robert Bourassa fait de la langue française la langue officielle du Québec.

En 1977, un an après sa victoire électorale, le Parti québécois vote la Loi 101 qui institue la Charte de la langue française. Dorénavant, l'affichage devra se faire uniquement en français. Le français devient la seule langue officielle du Québec et les immigrants voulant s'installer dans la province devront inscrire leurs enfants à l'école française. En 1988, le gouvernement de Robert Bourassa modifie la Loi 101. Cette politique soulève les passions dans la province, divisant les communautés anglophone et francophone.

Dans les années 1960, les affiches des commerces sont généralement écrites en anglais.

ANC PA-133218

La communauté anglophone manifeste pour faire connaître son opposition à la Loi 101.

©Canapress

SAVAIS-TU...

En 1993, le gouvernement du Québec, dirigé par Robert Bourassa, modifie la Charte de la langue française. Dorénavant, l'affichage bilingue est permis, mais le français doit être prédominant. Cela signifie que la partie en français doit être écrite avec des caractères plus gros.

Les modifications à la Loi 101 ont soulevé la colère des francophones nationalistes.

Y. Beaulieu/Publiphoto

Le référendum de 1980 sur la souveraineté

Le Québec doit-il devenir un État souverain ? La question divise les Québécois.

Le Québec s'affirme de plus en plus depuis les débuts de la Révolution tranquille. La fierté d'être Québécois se manifeste lors de nombreux rassemblements. La société québécoise prend conscience de ses capacités par la réalisation de grands travaux, comme le gigantesque barrage Manic 5.

Après s'être fait élire en 1976, le gouvernement de René Lévesque veut réaliser sa promesse électorale : faire de la province de Québec un pays souverain. Pour y arriver, le Québec doit négocier son retrait de la Confédération canadienne avec le gouvernement fédéral. Mais il ne peut pas entreprendre de telles démarches sans l'accord de la population québécoise.

Une partisane du NON au référendum.

Le 20 mai 1980, par un référendum, le gouvernement demande à la population du Québec si elle désire devenir souveraine, c'est-à-dire devenir un pays indépendant.

Témoignages

« *Nous avons la maturité, la taille et la force pour assumer notre destin. […] Comme 150 autres peuples du monde, nous pouvons, nous aussi, être en pleine possession de notre patrie.* »

René Lévesque

« *Le parti de M. Lévesque […] nous pose la question : "Voulez-vous du Canada, oui ou non ?" […] Moi, je suis Canadien, cela a toujours été mon opinion.* »

Pierre Elliott Trudeau

Le bulletin de vote où la question est posée en anglais et en français.

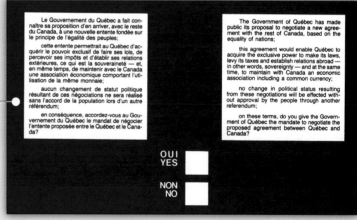

Le Gouvernement du Québec a fait connaître sa proposition d'en arriver, avec le reste du Canada, à une nouvelle entente fondée sur le principe de l'égalité des peuples ;

cette entente permettrait au Québec d'acquérir le pouvoir exclusif de faire ses lois, de percevoir ses impôts et d'établir ses relations extérieures, ce qui est la souveraineté — et, en même temps, de maintenir avec le Canada une association économique comportant l'utilisation de la même monnaie ;

aucun changement de statut politique résultant de ces négociations ne sera réalisé sans l'accord de la population lors d'un autre référendum ;

en conséquence, accordez-vous au Gouvernement du Québec le mandat de négocier l'entente proposée entre le Québec et le Canada ?

The Government of Québec has made public its proposal to negotiate a new agreement with the rest of Canada, based on the equality of nations ;

this agreement would enable Québec to acquire the exclusive power to make its laws, levy its taxes and establish relations abroad — in other words, sovereignty — and at the same time, to maintain with Canada an economic association including a common currency ;

no change in political status resulting from these negotiations will be effected without approval by the people through another referendum ;

on these terms, do you give the Government of Québec the mandate to negotiate the proposed agreement between Québec and Canada ?

OUI YES ☐

NON NO ☐

LA NOUVELLE

Québec, le 21 mai 1980 – Le résultat est clair. Hier, 60 % des participants ont voté non au référendum, s'opposant ainsi au projet du Parti québécois et de son chef, René Lévesque. La souveraineté ne se réalisera pas prochainement. Rappelons que, selon ce projet, la province de Québec pourrait faire ses propres lois et être reconnue comme un pays indépendant. Le Parti québécois proposait toutefois de maintenir les relations économiques avec le Canada et de continuer à utiliser la même monnaie. Mais la majorité de la population en a décidé autrement. Le Québec demeure ainsi une province canadienne.

Vivre en démocratie

Le système politique

Après l'élection générale de 1981, l'Assemblée nationale du Québec se compose de 122 députés, représentant autant de comtés électoraux de la province. Parmi ces représentants élus, le chef du parti politique ayant fait élire le plus grand nombre de députés est désigné Premier ministre. Il est le chef du gouvernement.

> Lis cette bande dessinée. Comment se forme un gouvernement dans la province de Québec? Selon toi, quel est le rôle d'un député?

LES ÉLECTIONS EN IMAGES

Dans tous les comtés, chaque électeur ou électrice vote derrière un isoloir en traçant une croix vis-à-vis du nom du candidat ou de la candidate de son choix.

Les électeurs et les électrices déposent ensuite eux-mêmes leur bulletin dans une urne.

Je remercie tous ceux qui ont voté pour moi et mon parti.

Le candidat ou la candidate ayant reçu le plus de votes dans un comté devient député.

Bienvenue à l'Assemblée nationale!

Le député élu siège à l'Assemblée nationale avec les autres députés afin de voter des lois.

Je dirigerai la province avec honneur.

Le parti politique ayant fait élire le plus grand nombre de députés voit son chef devenir Premier ministre.

Je vous ai choisi parmi les députés du parti pour devenir les ministres de mon gouvernement.

Le Premier ministre choisit parmi les députés de son parti ceux et celles qui vont faire partie du Conseil exécutif et qui vont devenir ministres et gouverner avec lui.

©Megapress/Y.Tessier

Depuis plus de cent ans, l'Hôtel du Parlement, au cœur de la ville de Québec, réunit les députés de l'Assemblée nationale.

Une démocratie en action

Les femmes ont le droit de vote depuis 1917 au Canada. Cependant, les Québécoises ne peuvent voter qu'aux élections fédérales. En effet, ce n'est qu'en 1940 que le gouvernement du Québec donne le droit aux femmes de voter lors des élections provinciales. En 1981, seulement huit femmes siègent comme députées à l'Assemblée nationale du Québec sur 122 députés élus.

En 1964, le gouvernement canadien abaisse l'âge légal requis pour voter de 21 ans à 18 ans. Au Québec, tous les citoyens âgés de 18 ans ou plus et résidant dans la province depuis au moins six mois peuvent non seulement voter, mais aussi se porter candidat lors des élections afin de devenir député.

Les principaux partis politiques au Québec vers 1980 sont le Parti libéral du Québec et le Parti québécois. Voici la répartition des députés à l'élection de 1981.

SAVAIS-TU...

En 1961, Claire Kirkland-Casgrain devient la première femme élue députée du Québec. Elle obtient par la suite un poste de ministre. En 1964, elle présente à l'Assemblée nationale la Loi 16 qui donne l'égalité juridique aux femmes mariées. Dorénavant, les femmes seront libres d'exercer la profession de leur choix. En 2003, 38 femmes sont élues députées à l'Assemblée nationale du Québec.

ANQ

Parti politique	Nombre de députés élus	% du vote recueilli par le parti
Parti québécois	80	65,6 %
Parti libéral du Québec	42	34,4 %

En 1981, le Parti québécois est réélu. Son chef, René Lévesque, demeure Premier ministre du Québec. Le chef du Parti libéral du Québec est alors Claude Ryan.

En bref

- Les francophones sont plus nombreux à la tête de grandes entreprises. Les femmes accèdent davantage au marché du travail et obtiennent des postes mieux rémunérés.

- Les industries, de plus en plus sophistiquées, se multiplient dans les parcs industriels. L'exploitation des richesses naturelles demeure essentielle dans plusieurs régions du Québec, alors que le commerce de divers produits et services prend de l'ampleur. Les entreprises agricoles, dominées par la production laitière, occupent de grandes superficies.

- Le mouvement nationaliste est marqué par la montée de l'idée d'indépendance, et le statut de la langue française est un enjeu important.

Fais le point

Vérifie tes connaissances

Tu viens de découvrir divers aspects de la vie économique et politique de la société québécoise vers 1980. Afin d'organiser toutes ces nouvelles connaissances, fais le point avec ton enseignante ou ton enseignant en remplissant la fiche qu'elle ou qu'il te remettra.

Va plus loin

Le Québec est une société que l'on dit démocratique. Hommes et femmes peuvent participer aux décisions politiques et une série de lois protègent les droits et la liberté de tous et toutes. Malheureusement, tous les pays ne sont pas démocratiques.

Fais une recherche et trouve un endroit dans le monde, d'hier ou d'aujourd'hui, où les droits et la liberté des individus ne sont pas respectés. Partage tes découvertes avec tes camarades.

Discute et prends position

Dans les années 1970, d'importantes lois ont été votées par le gouvernement du Québec, par exemple pour protéger le territoire agricole ou la langue française.

En groupe

À votre avis, est-ce qu'une loi qui restreint la liberté d'un petit nombre de personnes au profit de la collectivité est démocratique ?

Faites valoir votre opinion.

Projet de voyage

Halte

Le dossier 2 traite des aspects économiques et politiques du Québec vers 1980. Ta publicité doit faire un portrait de ces réalités. Peux-tu décrire les entreprises québécoises, le développement des richesses naturelles et l'état de l'agriculture ? Comment fonctionne le système parlementaire ? Vincent N'Guyen a besoin de toute cette information !

À l'heure de la diversité

Souvenirs de voyage

En 1909, un nouveau club de hockey voit le jour: le Canadien.

ANC C-079719

Vers 1905, le Québec est profondément catholique et francophone à 80 %. Bien encadrées par l'Église catholique, les familles canadiennes-françaises sont nombreuses. Les anglophones, surtout protestants, représentent 18 % de la population de la province. L'immigration se diversifie: les arrivants proviennent de plusieurs pays européens.

Les Canadiens français se déplacent en grand nombre vers les villes qui offrent de l'emploi dans les nombreuses usines. L'électricité procure l'énergie nécessaire à la lumière, à la fabrication de divers produits et au fonctionnement des tramways pour le transport public. Les grands magasins, les journaux, les théâtres et le cinéma font la joie des citadins. Les activités sont nombreuses, tel le sport organisé et professionnel qui fait son apparition.

Depuis la Deuxième Guerre mondiale, la société québécoise entre dans la modernité et se transforme. La télévision, la radio et la presse écrite deviennent des instruments incontournables de diffusion de la culture. Des journaux à grand tirage et des magazines spécialisés publient sur tous les sujets. Le Québec s'ouvre sur le monde avec L'Exposition universelle de 1967 et les Jeux Olympiques de Montréal en 1976.

ANC PA-152025

La télévision entre en ondes au Canada en 1952.

Projet de voyage

Halte

Le dossier 3 est consacré aux aspects culturels de la société québécoise vers 1980. Les rôles de l'Église et de la famille ont bien changé. Le Québec s'ouvre sur le monde. Ta publicité doit faire un portrait de ces réalités.

L'impact de la Révolution tranquille

L'Église catholique

Vers 1980, la majorité de la population québécoise ne fréquente plus l'église de manière régulière, même si près de 90 % des Québécois se déclarent catholiques. Les Québécois se rendent à l'église lors des grandes célébrations comme les mariages ou les funérailles, mais la pratique religieuse est faible. Le clergé n'encadre plus la population comme c'était le cas avant 1960. Les enseignements de l'Église ne correspondent plus aux besoins d'une société moderne.

Des religions diverses

En 1980, diverses religions protestantes sont pratiquées par 6,1 % de la population et la religion juive par 1,6 %. De nouveaux groupes religieux apparaissent avec l'arrivée d'immigrants. Par exemple, près de 1,2 % des Québécois sont de religion **orthodoxe**. Mais, tout comme les catholiques, ces groupes religieux voient aussi le nombre de leurs fidèles diminuer.

L'attrait pour les religions établies diminue. Cependant, plusieurs **sectes** voient le jour et recrutent bon nombre d'adeptes. Le sentiment religieux s'exprime autrement, comme dans le Mouvement pour la conscience de Krishna ou les Témoins de Jéhovah.

Rappel

Avec la laïcisation de la société pendant la Révolution tranquille, le clergé québécois perd de son importance. Progressivement, les religieux et les religieuses des hôpitaux et des écoles sont remplacés par du personnel laïc. Aussi, la fréquentation des églises baisse-t-elle, tout comme le nombre de jeunes choisissant de devenir prêtres ou membres d'une communauté religieuse.

Orthodoxe : religion chrétienne d'Orient, proche du catholicisme, mais qui ne reconnaît pas l'autorité du pape.

Secte : groupe ayant ses croyances religieuses particulières.

SAVAIS-TU...

En 1960, le Québec compte 8400 prêtres, mais en 1981, ils ne sont plus que 4285 à desservir les paroissiens. À la fin des années 1970, plus de 55 % des catholiques ne pratiquent plus leur religion.

La majorité des Québécois ne fréquente plus l'église le dimanche. Toutefois, de nombreuses foules se déplacent pour assister aux messes célébrées par le pape Jean-Paul II lors de sa visite au Québec en 1984.

La religion chrétienne orthodoxe est surtout pratiquée dans les pays d'Europe centrale, en Grèce et en Russie. Plusieurs usages sont similaires à ceux de la religion catholique.

Déjà, dans les années 1970, les familles sont de moins en moins nombreuses.

SAVAIS-TU...

En 1961, le nombre moyen d'enfants par famille est de 3,5. En 1971, il se situe à 2, puis à 1,5 en 1980. Le taux de natalité du Québec est devenu l'un des plus faibles du monde.

Prépondérant : qui a une importance supérieure.

La famille nouvelle

La société est profondément transformée vers 1980. Le modèle familial traditionnel a changé. Les femmes ont davantage accès aux études et au marché du travail. Elles sont plus indépendantes financièrement et elles doivent concilier le travail et la vie de famille. Le taux de natalité baisse radicalement, les familles de dix enfants sont très rares.

La perte d'influence du clergé se manifeste aussi dans les relations de couples. Pourtant interdits par l'Église, les séparations et les divorces deviennent plus nombreux. Il en résulte une augmentation marquée des familles monoparentales ou recomposées.

Une société de consommation

Le niveau de vie de la population québécoise en général est plus élevé dans les années 1970. Influencés par la publicité et l'accès facile au crédit, beaucoup de gens achètent des biens et des services de toutes sortes : vêtements, voitures, disques, articles de sport, soins de beauté, appareils électroménagers, etc. Suivant le rythme des pays riches, le Québec devient une société de consommation.

La période des Fêtes est un exemple frappant de ces changements dans les mœurs des Québécois et des Québécoises. Au début du siècle, Noël était un moment privilégié où parents et amis se rassemblaient d'abord à l'église, puis chez la parenté pour fêter. Vers 1980, la fête de Noël est devenue pour beaucoup une « fête de la consommation ». L'achat des cadeaux de Noël dans les nombreux centres commerciaux occupe une place **prépondérante** dans la vie d'un grand nombre de personnes.

Un centre commercial durant la période de Noël et du Jour de l'An.

On utilise l'expression « société de consommation » pour qualifier une manière de vivre où l'achat de biens et de services de toutes sortes est important.

ANC PA-165981

L'écrivaine Anne Hébert
(1916-2000) est connue
dans le monde entier.

Québécisme : fait de langue propre
au français parlé au Québec.

BNQ

Les œuvres littéraires de
Michel Tremblay ont été traduites
en plusieurs langues et sont
connues mondialement.

Le Québec affirme sa différence

Un sentiment nouveau se développe au Québec depuis la Révolution tranquille : la fierté d'être Québécois ou Québécoise. De nombreux artistes et écrivains vantent les particularités du Québec. Ils expriment de manière originale, en utilisant des **québécismes**, la volonté de se faire connaître.

De grands rassemblements populaires ont lieu lors de spectacles des fêtes de la Saint-Jean au parc du Mont-Royal ou sur les plaines d'Abraham. Aussi, la période des années 1980 marque le début d'une volonté de commercialiser davantage les œuvres musicales et artistiques de tous genres à l'extérieur du Québec.

Cependant, comme ailleurs dans le monde, l'industrie de la culture doit constamment faire face à la concurrence américaine. La musique et les films en provenance des États-Unis attirent de nombreux jeunes.

De tous les horizons

Des nouveaux venus

La proportion des francophones se situe à 80,2 % de la population du Québec en 1981. Celle des anglophones chute à 7,7 % et le nombre de Québécois parlant une autre langue augmente. Ils représentent plus de 10 % de la population québécoise.

Depuis 1960, l'origine des immigrants est très diversifiée. Ils proviennent de l'Italie, de la Grèce, de la France et du Royaume-Uni. Vers 1980, ils arrivent du Viêt-Nam, du Chili ou du Liban. Le plus grand nombre provient d'Haïti.

Les chansonniers les plus populaires
au Québec dans les années 1970 sont
également très connus à l'étranger.
Sur la photo : Claude Léveillée,
Yvon Deschamps, Jean-Pierre Ferland,
Gilles Vigneault et Robert Charlebois
lors d'un spectacle à la fin
des années 1970.

Éditeur Officiel du Québec

Un café du quartier de la Petite Italie, rue Saint-Laurent à Montréal.

Cosmopolite : qui comprend des personnes originaires de plusieurs pays.

Ouverture sur le monde

Depuis 1977, les nouveaux immigrants doivent inscrire leurs enfants à l'école française. Les francophones apprennent à accepter les particularités culturelles très diverses des nouveaux arrivants, facilitant ainsi l'intégration de ces derniers à la société québécoise. Différents programmes d'aide sont mis sur pied par le gouvernement pour aider les divers groupes ethniques à s'intégrer. Par exemple, des classes d'immersion sont offertes pour apprendre le français.

La ville de Montréal devient une ville **cosmopolite**. Regroupés dans différents quartiers, les immigrants conservent leur identité culturelle et leur langue. Ils maintiennent des commerces, des journaux et des lieux de cultes religieux. La population québécoise découvre de nouveaux mets et objets provenant de tous les continents.

Dans l'ensemble, le mode de vie de la population se diversifie vers 1980. La société québécoise vit au rythme de la planète grâce aux nouvelles technologies. La télévision et le cinéma véhiculent des images du monde entier. La tenue vestimentaire reflète bien cette diversité. Les gens portent des vêtements de tous les styles. Toutefois, l'influence américaine demeure très importante sur tous les plans.

Des commerces du quartier chinois de Montréal.

Vers 1980, le port du jeans est généralisé.

En bref

- Vers 1980, l'influence des groupes religieux, telle l'Église catholique, a diminué. La population québécoise ne fréquente plus l'église de manière régulière.
- Le nombre d'enfants par couple a considérablement baissé. Les familles monoparentales sont plus nombreuses. Le Québec vit au rythme de la société de consommation.
- La société québécoise s'affirme dans tous les domaines artistiques et s'ouvre sur le monde.
- L'immigration donne au Québec un visage multiethnique. Le mode de vie général se diversifie.

Tu viens d'observer la société québécoise vers 1980. Afin d'organiser toutes ces nouvelles connaissances, fais le point avec ton enseignante ou ton enseignant en remplissant la fiche qu'elle ou qu'il te remettra.

Discute et prends position

Les immigrants venus du monde entier ont apporté au Québec une grande richesse culturelle et sociale. Même si elle demeure majoritairement francophone, Montréal est devenue une ville cosmopolite.

En groupe

1. Pensez-vous qu'il fait bon vivre dans une ville cosmopolite ? Cela vous permet-il d'apprendre de nouvelles choses ? Qu'est-ce que cela vous apporte ?

2. Répondez aux questions ci-dessus en vous plaçant d'abord dans la situation de celui ou celle qui arrive de l'étranger puis dans la situation de celui ou celle qui fait partie de la société d'accueil.

Va plus loin

Plusieurs artistes ou athlètes québécois se produisent dans plusieurs pays du monde. Qui sont-ils ?

Présente à la classe quelques-uns de ces Québécois célèbres en décrivant brièvement leurs exploits. N'oublie pas leur photo !

Projet de voyage

Halte

Le dossier 3 est consacré aux aspects culturels de la société québécoise vers 1980. Qu'en est-il de la pratique religieuse, de la famille et de la consommation ? Le Québec s'affirme et se diversifie. Qu'en est-il exactement ? Ta publicité doit faire un portrait de ces réalités. Il sera plus facile pour toi et Vincent N'Guyen de préparer nos futurs voyageurs à bien comprendre la société québécoise.

Projet de voyage

Ce voyage t'a permis de visiter la société québécoise vers 1980. L'itinéraire t'a amené à traverser les trois régions physiographiques de la province. De plus, tu as pu observer les aspects politiques, économiques et culturels de cette société.

Dans ta publicité, assure-toi :
- De présenter les éléments importants de l'aspect de la société qui a été attribué à ton groupe afin de bien préparer des élèves étrangers à séjourner au Québec. Tu peux inclure des photos, des informations historiques et des cartes géographiques.

Partage tes découvertes avec tes camarades.

Bilan de voyage

Notre voyage au Québec vers 1980 se termine. C'est maintenant le temps d'en faire le bilan. À l'aide de la section COMPÉTENCES POUR VOYAGER à la page 142, décris en quelques mots la société québécoise de 1980. Inspire-toi de l'information contenue dans les trois dossiers de l'escale et consulte au besoin le GUIDE DE VOYAGE. Tu pourras ainsi :

- Situer la société québécoise dans l'espace et dans le temps.
- Observer et décrire le territoire de la société québécoise.
- Observer et décrire la société québécoise.
- Nommer les personnages et les événements importants qui ont influencé la société québécoise.

Discute et prends position une dernière fois

Vers 1980, la société québécoise est une société moderne et ouverte sur le monde. Ses valeurs sont très différentes de celles du début du 20ᵉ siècle.

En groupe

Croyez-vous que l'ouverture sur le monde peut modifier la perception des gens face à la religion, à la famille, aux coutumes, à la culture, à la consommation, à la langue ?

Soyez à l'écoute des autres élèves de la classe. Et placez bien toutes ces idées dans vos valises pour un prochain voyage !

Escale ❸

L'Afrique du Sud vers 1980

La Charte de la liberté

« Nous, peuples d'Afrique du Sud, proclamons afin que nul ne l'ignore dans notre pays comme dans le monde entier que :

L'Afrique du Sud appartient à tous ceux qui y vivent, aux Blancs comme aux Noirs, et aucun gouvernement n'est justifié à prétendre exercer l'autorité s'il ne la tient de la volonté de tous ;

- Notre peuple a été privé, par une forme de gouvernement fondé sur l'injustice et l'inégalité, de son droit à la terre, à la liberté et à la paix ;

- Notre pays ne sera jamais ni prospère ni libre tant que tous nos peuples ne vivront pas dans la fraternité, ne jouiront pas de droits égaux, et que les mêmes possibilités ne leur seront pas données ;

- Seul un État démocratique fondé sur la volonté de tous, peut assurer à tous, sans distinction de race, de couleur, de sexe et de croyance, les droits qui leur reviennent de par leur naissance. [...] Sud, Blancs aussi bien que Noirs, réunis comme des [...] liberté. Et nous nous

Charte québécoise
des droits et libertés

« Tout être humain possède des droits et libertés **intrinsèques** destinées à assurer sa protection et son épanouissement »

res humains sont égaux en valeur et en dignité et ont droit à une égale

Tout au long du 20ᵉ siècle, de nombreux immigrants, provenant de différents continents, s'installent dans la province de Québec. Pour assurer une place juste et équitable à tous et à toutes, le gouvernement vote la Charte québécoise des droits et libertés en 1975. Et pour protéger la langue française, il fait voter la Loi 101 en 1977. Le Québec est ce qu'on appelle une société de droits.

Cette fois-ci, nous allons monter à bord de ma machine à voyager dans le temps et l'espace pour traverser l'Atlantique. Nous quittons l'Amérique du Nord pour aller sur un autre continent. Une jeune fille t'attend en Afrique du Sud. Elle te fera découvrir ce pays très particulier. Je ne t'en dis pas davantage. Ouvre grand les yeux, tu découvriras une société très différente de celle du Québec de 1980.

| 1820 | Voyages au Canada | 1905 | Voyages au Québec Voyage en Afrique du Sud | **1980** |

1800 | 1801   1900 | 1901   2000 | 2001

Je te souhaite la bienvenue en Afrique du Sud. Je me nomme Miriam Sisulu. J'habite Soweto, près de Johannesburg, la plus grande ville du pays. Ici, la vie n'est pas facile. Tu viens de la province de Québec, au Canada, n'est-ce pas? Alors, attends-toi à un choc. Dans mon pays, la vie démocratique a un sens très différent de celui que tu connais.

Au Canada, tous les citoyens âgés de 18 ans et plus ont le droit de voter pour élire leur gouvernement. Ici, en Afrique du Sud, cela dépend de la couleur de ta peau. Oui. Tu as bien lu. Seuls les Sud-Africains blancs ont le droit de vote.

Les Blancs et les Noirs de mon pays doivent vivre dans des lieux séparés. C'est écrit dans la Constitution. Par exemple, les Blancs de Johannesburg habitent de beaux quartiers situés au nord de la ville, tandis que les Noirs et les Métis vivent dans des quartiers qui leur sont réservés, appelés *townships*. Soweto est un très grand *township*. Au Canada aussi, certaines régions s'appellent *townships* je crois. Ici, ce mot a une tout autre signification.

Le gouvernement est dirigé exclusivement par des Sud-Africains blancs. Ce système où les gens vivent en groupes séparés selon la couleur de leur peau s'appelle *apartheid*. Viens avec moi. Je vais tout t'expliquer. Tu pourras comparer ton pays au mien et comprendre ce que signifie la ségrégation raciale.

Projet de voyage

En 1980, l'Afrique du Sud vit sous le régime de l'apartheid. Le gouvernement est dirigé exclusivement par des Blancs. Aucun Noir ne peut être élu à la direction du pays. Le Québec, de son côté, vit dans un régime démocratique.

En équipe, élaborez une création artistique qui rend compte des différences entre la société du Québec en 1980 et celle de l'Afrique du Sud.

Illustrez comment le régime d'apartheid en Afrique du Sud et le régime démocratique au Québec déterminent différemment:

- l'occupation du territoire;

- la vie des gens;

- le développement économique;

- les droits et libertés.

Avec l'aide de votre enseignant ou de votre enseignante, choisissez la forme que prendra votre création.

Allez voir à la page 160 quelles sont les étapes à suivre pour réaliser un projet.

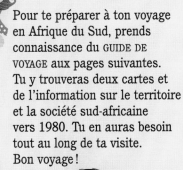

Pour te préparer à ton voyage en Afrique du Sud, prends connaissance du GUIDE DE VOYAGE aux pages suivantes. Tu y trouveras deux cartes et de l'information sur le territoire et la société sud-africaine vers 1980. Tu en auras besoin tout au long de ta visite. Bon voyage!

L'Afrique du Sud et le Québec dans le monde

Observe l'emplacement du Québec et de l'Afrique du Sud dans le monde. Que remarques-tu?

L'Afrique du Sud sous l'apartheid

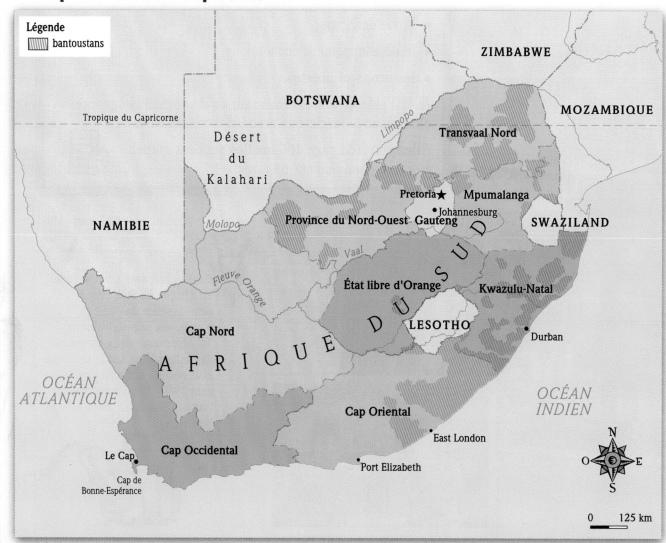

Légende

||||| bantoustans

Le visage physique de l'Afrique du Sud

Profil géologique

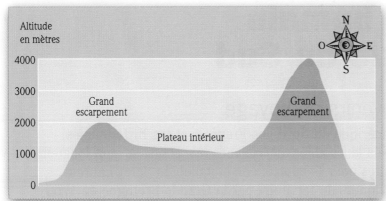

Relief et cours d'eau

Comme son nom l'indique, l'Afrique du Sud est un pays situé au sud du continent africain. Le territoire est une large **péninsule** où se rejoignent l'océan Atlantique et l'océan Indien. Sa superficie est de 1 221 037 km^2. Un vaste plateau intérieur couvre le centre du territoire et est séparé de la plaine côtière par le Grand **escarpement**.

Ce pays a pour voisin la Namibie, le Botswana, le Zimbabwe, le Mozambique et le Swaziland. Un petit pays, le Lesotho, est **enclavé** dans le territoire sud-africain. Les trois principaux cours d'eau de l'Afrique du Sud sont le fleuve Orange, la rivière Vaal et le Limpopo. Le sous-sol est très riche en charbon, **manganèse**, alumine, uranium, zinc et nickel. De plus, le pays possède de très riches gisements d'or, d'argent, de platine et de diamant.

Péninsule : une grande presqu'île, une région presque entièrement entourée d'eau. La Gaspésie est une péninsule.

Escarpement : pente raide.

Enclavé : complètement entouré.

Manganèse : métal très dur, utilisé pour fabriquer des aciers spéciaux.

Climat

Le climat est de type tropical, semi-aride, tempéré par l'altitude des reliefs et l'influence des océans. La partie est, soumise aux vents provenant de l'océan Indien, reçoit 890 mm de précipitations annuelles. Vers l'ouest, les précipitations diminuent grandement. Les deux tiers de l'Afrique du Sud reçoivent moins de 500 mm de pluie par an. Ainsi, la plus grande partie de la surface cultivable est consacrée à l'élevage du bétail dans le vaste plateau intérieur, car le territoire est faiblement alimenté en eau. Les terres cultivées sont surtout situées au nord-est et dans la plaine côtière.

Le Cap, entre l'océan Atlantique et le Grand escarpement.

La situation géographique de l'Afrique du Sud est très différente de celle de la province de Québec. À l'aide des informations de ton GUIDE DE VOYAGE, peux-tu relever certains avantages du territoire sud-africain ?

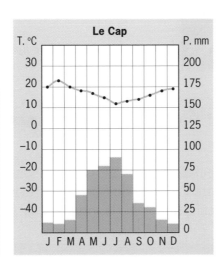

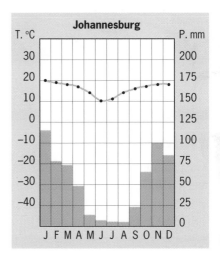

Le visage humain de l'Afrique du Sud

Utilise le GUIDE DE VOYAGE pour te situer sur la carte de l'Afrique du Sud. De plus, les renseignements géographiques t'aideront à mieux comprendre le développement économique de ce pays.

Souvenirs de voyage

En Amérique du Nord, les Français et les Britanniques, aidés de leurs alliés amérindiens respectifs, se sont longtemps affrontés pour le contrôle de la vallée du Saint-Laurent. La conquête du territoire par la Grande-Bretagne en 1760 met fin au Régime français en Amérique. Dorénavant, les Canadiens, les Britanniques et les Amérindiens de la nouvelle province de Québec apprennent à vivre ensemble et à partager les ressources du pays.

Vers 1980, la proportion des francophones se situe à près de 80 % de la population du Québec. Les anglophones représentent 7,7 % et les autochtones près de 1 %. Le nombre d'immigrants est élevé et leurs origines sont très variées. Près de 10 % de la population québécoise parle une autre langue que l'anglais ou le français. Les immigrants proviennent entre autres de l'Italie, de la Grèce, du Viêt-Nam, du Chili, du Liban ou d'Haïti.

À cette époque, le Québec exploite ses richesses minières et forestières. La province développe son potentiel hydroélectrique par la mise en opération de puissantes centrales. L'agriculture s'est modernisée et l'industrie utilise des machines de plus en plus complexes. Les ordinateurs facilitent l'administration des entreprises et de nouvelles industries se développent, comme celle de l'aéronautique.

R. Renaud

Vue du quartier chinois de Montréal.

Hydro-Québec

La centrale hydroélectrique Robert-Bourassa à la baie James a été mise en service en 1981.

Projet de voyage

Halte

Ce premier dossier présente la population et les activités économiques de l'Afrique du Sud vers 1980. Note les différences entre l'Afrique du Sud et la province de Québec sous ces deux aspects. Il importe de bien comprendre la situation en Afrique du Sud pour concevoir ta création artistique.

L'histoire sud-africaine

Dès la préhistoire, la pointe sud de l'Afrique a été peuplée par des peuples africains, les Bochimans et les Hottentots, puis par les Bantous qui se sont progressivement installés sur les plateaux. Au 17e siècle, l'Afrique du Sud a été colonisée par des Européens. Est-ce que le Canada a connu une situation similaire ?

SAVAIS-TU...

En 1924, des scientifiques ont découvert en Afrique du Sud les restes d'un squelette vieux de plus d'un million d'années. Surnommé l'«enfant de Taung», ce jeune australopithèque appartiendrait à l'espèce humaine.

Décimer : faire mourir un grand nombre de personnes.

Le choc européen

Les Hollandais sont les premiers Européens à s'installer en Afrique du Sud, plus précisément au Cap en 1652. En 1815, la Grande-Bretagne, qui désire agrandir son empire, prend possession de cette colonie. Des milliers de colons anglais arrivent alors en Afrique du Sud, repoussant les Hollandais, appelés Boers, vers l'intérieur du territoire.

Dès le début de la colonisation, plusieurs peuples autochtones africains sont **décimés** par les maladies. Des millions d'entre eux sont également vendus comme esclaves en Amérique. Plusieurs peuples africains se soulèvent alors contre les colonisateurs, mais les révoltes sont réprimées par la force.

Graduellement, les Anglais et les Boers progressent vers l'intérieur des terres. Les deux colonisateurs européens entrent régulièrement en conflit pour s'emparer des ressources du territoire. Le développement du pays exigeant une main-d'œuvre nombreuse, les Anglais font venir des travailleurs indiens de leur colonie asiatique des Indes à partir de 1860.

Les rencontres entre les populations européenne, asiatique et africaine donnent naissance à un nouveau groupe ethnique : les Métis. Ces personnes sont nées de l'union de personnes de races différentes.

©Stéphanie Mausset

Maison construite à l'époque coloniale par des Boers.

SAVAIS-TU...

Lors de la guerre contre les Boers, de 1899 à 1902, l'Empire britannique fait appel pour la première fois aux troupes canadiennes. Un total de 7368 Canadiens et de 12 infirmières vont servir et participer à neuf batailles importantes en Afrique du Sud.

Des soldats boers à la fin du 19e siècle.

La population

Vers 1980, l'Afrique du Sud compte une population de plus de 24 millions d'habitants, séparés en quatre catégories distinctes : les Noirs, les Blancs, les Métis et les Asiatiques.

Les Noirs

Officiellement, les Noirs sont appelés Bantous, mais ils se désignent eux-mêmes comme Africains. Ils représentent le groupe de loin le plus nombreux. Plus de la moitié des Noirs souffrent de pauvreté et 45 % d'entre eux n'ont pas de travail.

Les Blancs

Les Blancs sont divisés en deux groupes, les Afrikaners et les Anglais. Les Afrikaners, anciennement appelés Boers, représentent 60 % de la population blanche. Ils parlent l'**afrikaans** et sont les descendants des premiers colons hollandais. Les Anglais constituent l'autre groupe. Ces Blancs anglophones sont originaires de Grande-Bretagne et de divers pays d'Europe. En effet, des Européens se sont installés en Afrique du Sud et ont adopté l'anglais comme langue d'usage. Les Blancs occupent les emplois les mieux rémunérés et sont propriétaires de la majorité des terres agricoles.

Les Métis

Les Métis sont issus d'unions entre les premiers Européens et les Bochimans et Hottentots, ou d'unions entre les Européens et les esclaves noirs aux 17ᵉ et 18ᵉ siècles. Ils vivent majoritairement dans la province du Cap et beaucoup d'entre eux parlent l'afrikaans. Ils sont nombreux à souffrir du chômage et de la pauvreté.

Les Asiatiques

Les Asiatiques sont les descendants de commerçants ou de travailleurs venus de l'Inde à compter de 1860. L'Inde était alors aussi une colonie anglaise et des propriétaires sud-africains anglais ont engagé un grand nombre d'Indiens pour travailler dans les plantations d'Afrique du Sud.

Dans les townships, *la population noire loge souvent dans des constructions constituées de simples panneaux de bois et de tôles.*

Afrikaans : langue originaire du sud de la Hollande, à laquelle se sont ajoutés des éléments de français, d'anglais, d'allemand et de certains dialectes africains.

Principales religions	
Chrétiens	14 000 000
Hindouistes	500 000
Musulmans	300 000
Juifs	140 000

Population en 1980		%
Noirs	16 280 000	67 %
Blancs	4 540 000	18 %
Métis	2 600 000	11 %
Asiatiques	818 000	4 %
Total	24 238 000	100 %

Rappel

Au 18ᵉ siècle, des Français fondent des postes de traite de fourrures sur les rivières Rouge et Assiniboine, dans les Prairies canadiennes. De petites communautés métisses apparaissent. Ce sont les descendants d'union entre Français et Amérindiennes.

Mon pays est indépendant de la Grande-Bretagne depuis 1910. Toutefois, comme tu peux le constater, la colonisation a laissé des traces profondes. Les gens vivent-ils en groupes séparés au Canada?

La ville de Johannesburg est dominée par les Blancs.

Des Sud-Africaines noires attendant l'autobus.

Analphabète : personne qui ne sait ni lire ni écrire.

Compare la situation des Blancs à celle des autres groupes ethniques. Qu'observes-tu sur la mortalité des enfants, l'espérance de vie et le nombre de personnes **analphabètes**? Selon toi, qu'est-ce qui explique ces différences?

À chacun son territoire

La population sud-africaine est répartie sur le territoire selon son appartenance raciale. Les Noirs, qui représentent 67 % des habitants, habitent dans les *bantoustans* ou *homelands* qui couvrent à peine 15 % du territoire.

Représentant moins de 20 % de la population, les Blancs possèdent tout le reste du pays, divisé en provinces. Toutefois, les Blancs tolèrent la présence des Noirs près des grandes villes, principalement dans les *townships*, afin de disposer d'une main-d'œuvre à bon marché.

Deux langues officielles

En 1980, le gouvernement sud-africain reconnaît seulement deux langues officielles : l'afrikaans et l'anglais. L'afrikaans est parlé par les Afrikaners et une majorité de Métis. La population noire et asiatique, qui parle près d'une dizaine de langues bantoues et indiennes, ne parle pas beaucoup l'afrikaans. Cependant, cette langue est imposée dans l'enseignement de certaines matières à l'école. Évidemment, les Noirs et les Asiatiques s'en trouvent très défavorisés sur le plan scolaire, même si plusieurs de ceux qui vivent près des grandes villes parlent l'une ou l'autre des langues officielles.

Des conditions de vie bien différentes

Les habitants de l'Afrique du Sud n'ont pas les mêmes conditions de vie, selon qu'ils sont Blancs, Noirs, Métis ou Asiatiques. L'espérance de vie est d'ailleurs beaucoup plus élevée dans la population blanche. Les enfants des non-Blancs sont plus nombreux à mourir en bas âge et leur niveau d'éducation est moins élevé.

1985	Mortalité infantile (pour mille)	Espérance de vie	Analphabétisme
Blancs	13,0	72,3 ans	3,0 %
Asiatiques	20,4	63,9 ans	n.d.
Métis	61,9	56,1 ans	31,5 %
Noirs	80,0	58,9 ans	54,5 %

Observe bien les activités économiques de mon pays. Peux-tu relever des ressemblances et des différences avec le Québec? Compare les secteurs de l'agriculture, des mines, des industries forestières et de l'électricité.

Les activités économiques

La puissance sud-africaine

L'économie sud-africaine est la plus puissante et la plus développée du continent africain. Le système de communication et les routes sont ceux d'un pays moderne. Toutes les villes importantes sont reliées par un réseau de chemin de fer et Johannesburg possède l'aéroport le plus fréquenté.

La position géographique du pays, à la **jonction** de l'océan Atlantique et de l'océan Indien, favorise le développement d'installations portuaires importantes.

L'agriculture

Le territoire sud-africain est peu alimenté en eau à l'ouest et au sud du pays. Ainsi, la sécheresse limite l'espace cultivable à seulement 10 % du territoire. Une grande partie des sols est plutôt consacrée à l'élevage de bétail. En Afrique du Sud, posséder du bétail, essentiellement des bovins et des moutons, constitue un signe de richesse.

Les Blancs détiennent 85 % de toute la surface cultivable du pays. Ils possèdent de grandes exploitations modernes et emploient de nombreux ouvriers agricoles. Ces fermes fournissent 90 % de la production agricole du pays. Les principaux produits cultivés sur les plateaux et dans la région du Cap sont le blé, les arachides, le tournesol, les pommes de terre et le raisin. La province du Kwazulu-Natal fournit la canne à sucre et le coton.

L'Afrique du Sud dispose d'un réseau important de banques commerciales.

La population noire possède de petites exploitations faiblement mécanisées et situées sur des terres peu productives. Ces domaines agricoles sont surpeuplés. Le maïs constitue le principal produit de cette agriculture de subsistance.

Jonction : point de rencontre.

Le climat et les sols de certaines régions sont très propices à la culture du raisin. L'Afrique du Sud produit beaucoup de vin.

Extraction d'or par un mineur noir sous la surveillance d'un contremaître blanc.

Le barrage Hendrik-Verwoerd, sur le fleuve Orange, est entré en opération en 1971.

Combustible : matière que l'on brûle pour produire de la chaleur et de l'énergie.

Les industries

L'industrie agroalimentaire et le matériel de transport sont les principales industries de l'Afrique du Sud. Les industries textile, chimique, métallurgique et mécanique suivent dans l'ordre.

Les richesses minières de l'Afrique du Sud sont parmi les plus importantes au monde. Le pays possède 81 % des réserves de chrome, 46 % des réserves de manganèse et 34 % des réserves d'alumine. Au niveau mondial, l'Afrique du Sud produit 20 % des diamants, 51 % de l'or et 75 % du platine.

Cette industrie minière est entre les mains de la minorité blanche qui emploie une main-d'œuvre noire faiblement payée. Plus de 85 % de la production est exportée vers les pays occidentaux, ce qui constitue une très grande source de revenus pour le pays.

Toutefois, l'Afrique du Sud possède peu de cours d'eau à fort débit capable d'alimenter des centrales électriques. L'aménagement du fleuve Orange permet de produire une certaine quantité d'électricité, mais le pays tire l'essentiel de son énergie électrique de centrales thermiques. L'énergie est ainsi produite grâce à la chaleur provoquée en brûlant un **combustible**. Ce combustible, le charbon, est extrait en abondance des mines sud-africaines.

Pourquoi ce type d'installation hydroélectrique est-il rare en Afrique du Sud ? Le Québec est-il avantagé pour construire de tels barrages ? Pourquoi ? Tente une explication.

En bref

- L'Afrique du Sud a été colonisée par deux pays européens : la Hollande et la Grande-Bretagne. Le territoire est occupé en fonction de la race des individus. La population est divisée en quatre groupes distincts : Noirs, Métis et Asiatiques, dominés par les Blancs.
- Les Blancs, qui représentent moins de 20 % de la population, occupent 85 % du territoire. Les Noirs sont confinés dans des *bantoustans* qui couvrent 15 % du territoire.
- Le gouvernement sud-africain ne reconnaît que deux langues officielles : l'afrikaans et l'anglais. Les conditions de vie sont beaucoup plus difficiles pour la population noire.
- L'Afrique du Sud est le pays le plus riche d'Afrique. Ses ressources minières sont très importantes. Les Blancs sont propriétaires des grandes entreprises agricoles et contrôlent l'économie.

Vérifie tes connaissances

Tu viens d'observer la composition de la population sud-africaine et ses activités économiques. Tu as probablement remarqué des différences et des similitudes avec la société québécoise vers 1980. Afin d'organiser toutes ces nouvelles connaissances, fais le point avec ton enseignante ou ton enseignant en remplissant la fiche qu'elle ou il te remettra.

Va plus loin

L'Afrique du Sud est un pays fascinant. Sa flore et sa faune attirent de nombreux touristes. Une visite des principaux sites Internet donne un aperçu très intéressant du sujet.

Tel un agent de voyage, dresse une liste d'activités en vue d'un éventuel voyage dans ce pays.

Discute et prends position

L'exploitation des richesses naturelles est importante dans le développement économique d'un pays. Par exemple, le Québec est devenu prospère en mettant en valeur ses forêts, ses terres, ses mines et ses grands cours d'eau. L'Afrique du Sud possède aussi des richesses naturelles, mais la prospérité ne profite pas à toutes les couches de la société.

En groupe

1. Pouvez-vous expliquer pourquoi les richesses de l'Afrique du Sud ne sont pas réparties également entre les différents groupes ethniques de ce pays?

2. À votre avis, est-ce normal que la richesse soit inégalement distribuée dans une société?

3. Qu'est-ce que nous pourrions faire pour nous assurer que la richesse soit partagée également? Donnez votre point de vue.

Projet de voyage

Halte

Ce premier dossier décrit la population et les activités économiques de l'Afrique du Sud vers 1980. L'histoire de la colonisation sud-africaine ressemble-t-elle à celle qui a eu lieu dans la vallée du Saint-Laurent? Prends des notes pour comparer l'occupation du territoire, la population et la situation économique de ce pays à celles du Québec. Cette information te sera précieuse pour réaliser ton projet.

Dossier 2

Réalisation

Vivre sous l'apartheid

Utilise le GUIDE DE VOYAGE pour te situer sur la carte de l'Afrique du Sud. L'action décrite dans ce dossier se passe surtout près de Johannesburg.

Souvenirs de voyage

Dans l'histoire du Canada, la coexistence entre les Canadiens français, les Britanniques et les Amérindiens a été marquée de plusieurs conflits. Par la force du nombre, les Canadiens français ont réussi à protéger leurs droits depuis l'Acte de Québec en 1774.

D'autres groupes au Canada ont aussi dû se battre pour y arriver. Rappelons les rébellions métisses et amérindiennes dans les Prairies canadiennes. Avec la création de la province du Manitoba, les Métis francophones ont réussi à faire respecter leurs droits en 1870.

Vers 1980, la Constitution canadienne garantit les droits de tous, peu importe le sexe, l'âge ou l'origine ethnique. Le système parlementaire est démocratique. Tous les hommes et toutes les femmes âgés de 18 ans et plus ont le droit de vote.

Au Québec, la population est autorisée à manifester pacifiquement pour défendre ses opinions politiques.

Des métis nomades vers 1880 dans la Prairie canadienne. Au 19ᵉ siècle, les Métis prennent les armes pour défendre leurs droits.

ANC C-081787

Projet de voyage

Halte

Le dossier 2 présente le régime d'apartheid en Afrique du Sud. Observe la situation et la vie des habitants de ce pays. Tu y trouveras des éléments importants pour réaliser ta création artistique.

Dans mon pays, l'appartenance raciale détermine toute la vie d'une personne. La loi prescrit le lieu de résidence, les études possibles et la profession future. Même les rapports amicaux ou amoureux sont déterminés. C'est ce que l'on appelle l'apartheid. Comme je suis Noire, il m'est donc interdit de fréquenter de jeunes Blancs !

Rappel

En 1948, l'Organisation des Nations Unies adopte la Déclaration universelle des droits de l'homme dont l'article 1 se lit comme suit :

« Tous les êtres humains naissent libres et égaux en dignité et en droit. [...] et doivent agir les uns envers les autres dans un esprit de fraternité. »

Un régime unique au monde

La domination des Blancs existe depuis le début de la colonisation. En 1948, le gouvernement sud-africain, dirigé par la minorité blanche, instaure un régime appelé apartheid. Ce mot afrikaans signifie « séparation ». Dorénavant, la ségrégation raciale est inscrite dans la Constitution du pays. La population est divisée en fonction de ses origines ethniques : les Blancs, les Noirs, les Métis et les Asiatiques. Seuls les Blancs ont le droit de vote.

Au fil des années, le gouvernement sud-africain vote de nombreuses lois qui réglementent la vie quotidienne et politique du pays. Pour faire appliquer ces lois discriminatoires, le gouvernement utilise la violence et la force. La conséquence de l'apartheid est la domination écrasante de la minorité blanche sur une population à 82 % non blanche.

©Daily Mail/Gamma/Ponopresse

La police arrête des gens et disperse brutalement la population noire au cours d'une manifestation à Soweto.

Lis attentivement cet extrait des lois de l'apartheid. Selon toi, pourquoi la minorité blanche instaure-t-elle ce système en Afrique du Sud ?

Les lois de l'apartheid

- Il est interdit aux Blancs et aux non-Blancs de se fréquenter.

- Les Noirs sont obligés de porter sur eux en tout temps un laissez-passer, sorte de carte d'identité sur laquelle est mentionnée leur race. Des postes frontières existent à la limite territoriale des homelands et le laissez-passer doit y être présenté par un Noir ou un Métis qui se rend travailler en territoire blanc.

- Il existe des lieux publics réservés exclusivement aux Noirs et séparés de ceux des Blancs : écoles, restaurants, autobus, toilettes publiques, piscines ou plages, etc.

- De par la loi, les Noirs sont obligés d'accepter tout emploi qui leur est offert, sous peine d'être poursuivis. Mais tous les meilleurs emplois sont réservés aux Blancs.

- Les Noirs ne peuvent pas posséder de terres ailleurs que dans les homelands. Dans les townships, ils ne sont que locataires.

- Afin de préserver la pureté de la race blanche, les lois de l'apartheid interdisent les contacts sociaux et culturels et les mariages entre les Noirs et les Blancs.

Un aperçu du township de Soweto.

Vivre à part

Le gouvernement, dirigé uniquement par des Blancs, vote en 1950 une loi qui délimite les zones de résidence de la population en fonction de son appartenance raciale. Les Noirs sont regroupés dans des territoires appelés *bantoustans* ou *homelands*. Ces territoires ont très peu d'autonomie politique ou économique.

Les Noirs sont autorisés à pénétrer dans les territoires blancs à condition d'y travailler. Ils ne peuvent toutefois y demeurer lorsque leur travail est terminé. Ceci leur cause de grands problèmes pour rentrer dans leurs *homelands* qui sont très éloignés des zones blanches. Cette situation a amené la création des *townships*. Celui de Soweto, dans la banlieue de Johannesburg, est le plus grand d'Afrique du Sud.

Les Noirs et les Métis doivent obligatoirement posséder un laissez-passer, appelé *pass*. Cette carte d'identité avec photo indique la race de l'individu et son lieu de résidence. Lorsque les Noirs ou les Métis sortent de leurs *homelands* ou de leurs *townships* pour se rendre en territoire blanc, ils doivent présenter leur laissez-passer à un poste de contrôle.

Cette plage, réservée aux Blancs, témoigne d'une qualité de vie à laquelle les Noirs n'ont pas accès.

> **SAVAIS-TU...**
>
> Les politiques de l'apartheid interdisent aux Noirs de séjourner plus de 72 heures dans une zone urbaine, à moins d'y être né ou d'y travailler pour un employeur depuis au moins 10 ans.

Les Noirs ne peuvent se déplacer en territoire blanc sans leur laissez-passer, au risque d'être emprisonnés.

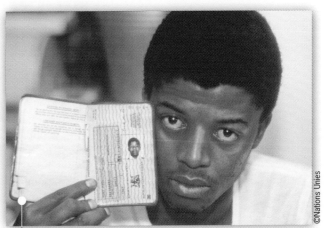
Les Noirs doivent avoir leur laissez-passer sur eux en tout temps.

Dans ce parc d'une ville blanche, un panneau indique en anglais et en afrikaans : « Pelouse réservée aux domestiques noires qui gardent des enfants blancs. »

Des espaces réservés

Chacun des groupes ethniques a ses propres espaces qui lui sont réservés. Les parcs, les restaurants, les autobus, les toilettes publiques, les piscines ou les plages sont identifiés au nom du groupe qui peut les fréquenter. Ainsi, les Blancs et les non-Blancs ne se côtoient pas, sauf en milieu de travail.

Le système scolaire aussi est divisé. Chacun des groupes raciaux a son propre système d'éducation. Cependant, le gouvernement de l'Afrique du Sud alloue quatre fois plus d'argent à l'éducation des Blancs. Les Blancs sont davantage scolarisés et occupent donc les meilleurs emplois.

Le combat contre l'apartheid

L'ANC

Depuis 1950, un des groupes les plus actifs pour défendre les droits des Noirs est l'**ANC**. Dans les années 1960, l'ANC est déclaré illégal par le gouvernement sud-africain. Plusieurs de ses dirigeants, comme Nelson Mandela, sont pourchassés, arrêtés et jetés en prison ou exécutés. Mandela passera 27 ans dans les prisons sud-africaines.

Plusieurs membres de l'ANC, encore en liberté, quittent alors le pays pour échapper à la répression du gouvernement. Le combat contre le régime de l'apartheid se déplace ainsi à l'étranger.

De jeunes écolières sud-africaines noires dans une cour d'école.

Nelson Mandela, membre de l'ANC, brûle son laissez-passer pour protester contre le gouvernement.

ANC : signifie *African National Congress* en anglais et Congrès national africain en français.

Même les enfants peuvent se faire arrêter par la police sud-africaine blanche.

Ici, à Soweto, la colère gronde dans la population noire. Les tensions sont vives. Nous en avons assez d'être privés de liberté et d'égalité. Les citoyens sont-ils ainsi séparés au Canada ?

Soweto à feu et à sang

Dans les années 1970, l'opposition à l'apartheid s'accentue. Les manifestations sont de plus en plus nombreuses et la répression policière est de plus en plus violente. En juin 1976, la police tire sur la foule au cours d'une manifestation d'écoliers de Soweto qui protestent pacifiquement contre l'apprentissage obligatoire de la langue afrikaans, tuant un jeune garçon de 13 ans, Hector Pieterson. Depuis, cet enfant est devenu un symbole de l'oppression des Noirs en Afrique du Sud. Des émeutes vont suivre jusqu'en février 1977 et entraîner la mort de plus de 575 personnes. Cette brutalité policière soulève l'indignation à travers toute l'Afrique du Sud. Plusieurs pays condamnent ouvertement le régime d'apartheid.

En septembre 1977, Stephen Biko, un des leaders de la lutte anti-apartheid, meurt en prison à la suite de tortures infligées par la police. Sa mort et la violence de la répression lors des émeutes de Soweto soulèvent la colère et l'indignation partout dans le monde. En novembre de la même année, les Nations Unies interdisent la vente d'armes à l'Afrique du Sud. Les manifestations contre l'apartheid se poursuivent dans les années 1980. Elles sont sévèrement réprimées par la police.

VUE D'AILLEURS

Les Irlandais catholiques représentent près de 35 % de la population de l'Irlande du Nord en 1980 et sont l'objet de discrimination. Le gouvernement leur refuse souvent l'accès aux meilleurs emplois et aux logements sociaux. Pour s'être opposés à ces politiques, plusieurs catholiques sont jetés en prison. En 1981, des détenus entreprennent une grève de la faim pour faire reconnaître leurs droits. Dix prisonniers en meurent, attirant ainsi l'attention du monde entier sur les problèmes politiques de l'Irlande du Nord.

SAVAIS-TU...

En 1960, dans le *township* de Sharpeville, une manifestation de Noirs, qui protestent contre les laissez-passer qui leur sont imposés, se termine dans un bain de sang. La police ouvre le feu sur la foule, tuant 69 personnes et en blessant près de 300 autres. Le gouvernement décide d'interdire l'ANC.

La police sud-africaine n'hésite pas à tirer dans la foule lors des manifestations anti-apartheid.

Le vent tourne enfin

Dans les années 1980, sous la pression internationale, le gouvernement de Pieter W. Botha amorce des réformes. Il accepte l'existence de groupes d'opposition noirs, tout en maintenant la politique d'exclusion à leur endroit. La Constitution du pays est modifiée en 1984. Désormais, les Asiatiques et les Métis sont autorisés à voter, mais pas les Noirs qui sont toujours écartés du pouvoir politique.

Les révoltes s'intensifient dans les *townships*, appuyées par l'archevêque anglican de Johannesburg, Desmond Tutu. Des pays comme la France et les États-Unis font pression sur le gouvernement d'Afrique du Sud pour abolir la politique de ségrégation raciale.

Le gouvernement blanc de Pieter Botha, tout en maintenant la répression policière envers les Noirs, supprime certains éléments du régime d'apartheid. Les laissez-passer obligatoires pour les Noirs sont abolis et l'interdiction des mariages mixtes est enfin levée.

L'archevêque sud-africain noir, Desmond Tutu, reçoit le prix Nobel de la paix en 1984 pour son appui à la lutte anti-apartheid.

Alors, que penses-tu de cette politique d'apartheid appliquée par notre gouvernement? Est-ce là une vraie démocratie? Il serait intéressant de comparer les droits et les libertés des citoyens de la province de Québec à ceux de l'Afrique du Sud.

LA NOUVELLE AFRIQUE

14 octobre 1986 – Afrique du Sud. Le régime d'apartheid subit de lourdes pressions de la part de plusieurs pays. Les États-Unis s'apprêtent à ne plus acheter de produits sud-africains, tant et aussi longtemps que le gouvernement appliquera sa politique d'apartheid.

Rappelons que dès juillet 1985 la France avait demandé à l'ONU d'imposer des sanctions économiques à l'Afrique du Sud. La France a coupé ses relations économiques avec le pays de l'apartheid. Ces décisions portent un dur coup au développement économique de l'Afrique du Sud.

Par ailleurs, plusieurs manifestations regroupant des personnes de tous âges et toutes origines ont lieu à travers le monde pour dénoncer la politique d'apartheid. La pression est forte pour le président sud-africain Pieter Willem Botha qui démissionne en 1989.

En bref

- Le mot apartheid signifie « séparation » en afrikaans. Ce régime en vigueur en Afrique du Sud prône la ségrégation raciale.
- De nombreuses lois réglementent la vie quotidienne de l'Afrique du Sud. Ces lois excluent les non-Blancs qui n'ont pas le droit de voter.
- Chaque groupe racial doit vivre séparément et a ses propres espaces réservés. Les Noirs sont confinés dans des *bantoustans* ou *homelands* et doivent obligatoirement posséder un laissez-passer pour circuler.
- Un des groupes les plus actifs pour défendre les droits des Noirs est l'ANC. Les manifestations contre l'apartheid sont presque toujours réprimées dans la violence par le gouvernement. Dans les années 1980, des pressions internationales entraînent des changements.

Vérifie tes connaissances

Tu viens de voir comment fonctionne le régime de l'apartheid en Afrique du Sud. Ce système basé sur la ségrégation raciale exerce une discrimination à l'égard des non-Blancs sur le plan politique, économique et social. Afin d'organiser toutes ces nouvelles connaissances, fais le point avec ton enseignante ou ton enseignant en remplissant la fiche qu'elle ou il te remettra.

Discute et prends position

Éducation à la citoyenneté

Le régime d'apartheid prône le développement séparé des différents groupes ethniques en Afrique du Sud. En réalité, ce système exclut tous les individus non blancs du pouvoir politique et économique. C'est un système raciste.

En groupe

1. Pourquoi le gouvernement sud-africain applique-t-il cette politique d'exclusion de ses concitoyens noirs ? Selon vous, qu'est-ce qui pousse un gouvernement, tel celui de l'Afrique du Sud, à exclure certains membres de la communauté ?

2. Le racisme existe-t-il au Québec ? Exprimez votre opinion sur le sujet en donnant des exemples concrets.

Va plus loin

La Révolution américaine et la Révolution française sont des événements marquants pour la démocratie.

Relève des moments importants de ces deux événements et qui concernent les droits et libertés des citoyens.

Projet de voyage

Halte

Le dossier 2 propose l'étude du régime d'apartheid en Afrique du Sud. Quelle est la situation des Noirs dans ce système politique ? Par quels moyens tentent-ils de défendre leurs droits ? Vers 1980, les Sud-Africains opprimés reçoivent le soutien de la communauté internationale. Note ces renseignements pour réaliser une création artistique.

Liberté, égalité et fraternité

Réalisation

Souvenirs de voyage

ANC PA-145477

Un rassemblement politique du Parti libéral. Son chef, Jean Lesage, est un des artisans de la Révolution tranquille. Il devient Premier ministre du Québec en 1960.

En 1948, l'Organisation des Nations Unies adopte la Déclaration universelle des droits de l'homme. Cette **charte** stipule que tous les êtres humains naissent libres et égaux.

Dans les années 1960, la Révolution tranquille bouleverse profondément la société québécoise. La province se modernise et les changements sont nombreux. De nouvelles valeurs prônent l'égalité sociale et la liberté. Le gouvernement québécois met en place un système d'éducation et de santé accessible à tous les citoyens.

Avec ce vent de modernisme apporté par la Révolution tranquille, l'idée que l'État québécois puisse adopter une charte des droits et libertés commence alors à faire son chemin. En 1975, après plusieurs années de consultation, le gouvernement de Robert Bourassa vote la Charte québécoise des droits et libertés. Puis, en 1981, le Premier ministre Pierre Elliott Trudeau fait voter la Charte canadienne des droits et libertés.

Ces chartes assurent à tous et à toutes le droit à la vie, à la liberté de religion et d'opinion et interdisent toute discrimination basée sur l'origine ethnique ou nationale, le sexe et l'âge.

Charte québécoise des droits et libertés de la personne

CHARTE CANADIENNE DES DROITS ET LIBERTÉS

Charte : loi ou règle fondamentale qui protège des droits.

Projet de voyage

Halte

Ce troisième dossier démontre comment les droits des citoyens peuvent être protégés par l'adoption d'une charte. Des exemples concrets illustrent l'application au Québec des principes de liberté, d'égalité et de fraternité. Compare la situation des droits de la personne au Québec à celle qui existe en Afrique du Sud vers 1980. Ces renseignements vont t'aider à réaliser ta création artistique.

En 1980, les citoyens sud-africains n'ont pas tous les mêmes droits. Depuis plusieurs années, des mouvements politiques exigent l'adoption d'une charte par le gouvernement blanc pour garantir l'égalité de tous les citoyens. Comparons la situation de mon pays à celle qui existe au Québec. Qu'en est-il des lois de ton pays concernant les droits des citoyens?

Préambule : introduction, entrée en matière.

La Charte de la liberté de l'ANC réclame le droit à l'éducation pour tous les enfants.

Des chartes pour la liberté

Le Congrès national africain

Le Congrès national africain (ANC) est un parti politique qui s'oppose à l'apartheid. Fondé en 1912, l'ANC regroupe une majorité de Noirs, mais aussi des Blancs, des Métis et des Indiens.

Jusqu'en 1960, ce parti politique choisit la voie de la non-violence. En 1955, l'ANC adopte la Charte de la liberté qui définit ses volontés politiques : « L'Afrique du Sud appartient à tous ceux qui y vivent, Noirs et Blancs ». Cette charte défend le droit de vote pour tous les citoyens, la redistribution de la richesse, la paix et l'égalité des droits pour tous. Mais le gouvernement de l'Afrique du Sud, dirigé uniquement par des Blancs, refuse d'adopter une telle charte pour le pays. Voici le **préambule** de la Charte de la liberté de l'ANC.

Dans la ville de Durban, une peinture murale dénonçant la violence.

La Charte de la liberté

« Nous, peuples d'Afrique du Sud, proclamons afin que nul ne l'ignore dans notre pays comme dans le monde entier que :

- L'Afrique du Sud appartient à tous ceux qui y vivent, aux Blancs comme aux Noirs, et aucun gouvernement n'est justifié à prétendre exercer l'autorité s'il ne la tient de la volonté de tous ;

- Notre peuple a été privé, par une forme de gouvernement fondé sur l'injustice et l'inégalité, de son droit à la terre, à la liberté et à la paix ;

- Notre pays ne sera jamais ni prospère ni libre tant que tous nos peuples ne vivront pas dans la fraternité, ne jouiront pas de droits égaux, et que les mêmes possibilités ne leur seront pas données ;

- Seul un État démocratique fondé sur la volonté de tous peut assurer à tous, sans distinction de race, de couleur, de sexe et de croyance, les droits qui leur reviennent de par leur naissance.

C'est pourquoi nous, peuples d'Afrique du Sud, Blancs aussi bien que Noirs, réunis comme des égaux, des compatriotes et des frères, adoptons cette Charte de la liberté. Et nous nous engageons à lutter ensemble, en ne ménageant ni notre énergie ni notre courage, jusqu'à ce que nous ayons obtenu les changements démocratiques inscrits dans cette Charte. [...]. »

Les devoirs et les responsabilités de tous et toutes sont clairement déterminés dans la Charte québécoise des droits et libertés.

Le gouvernement du Québec

Avec la Révolution tranquille des années 1960, le Québec s'engage dans la modernité. L'idée d'élaborer une charte des droits commence alors à circuler. En 1975, le gouvernement de Robert Bourassa vote la Charte québécoise des droits et libertés de la personne. C'est un grand texte de loi qui représente les nouvelles valeurs de la société québécoise. En 1983, des changements importants y sont apportés. Dorénavant, la Charte a préséance sur toutes les lois. Cela signifie que les lois adoptées par le gouvernement québécois doivent respecter le texte et l'esprit de ce document. La Charte n'est donc pas une loi comme toutes les autres.

La Charte québécoise a pour objectif principal d'accorder à tout être humain les mêmes droits dans le respect et la dignité. Elle établit aussi les devoirs et les responsabilités des citoyens. Cela signifie que les conflits entre les individus doivent se régler en trouvant le compromis qui respecte les droits de tous et de chacun. Voici le préambule de la Charte québécoise.

Compare la Charte de la liberté sud-africaine à la Charte québécoise des droits et libertés de la personne. Quels sont les éléments communs ?

Droits et libertés intrinsèques : qui appartiennent à l'être humain.

La Charte québécoise des droits et des libertés affirme l'égalité entre tous les êtres humains.

Charte québécoise des droits et libertés

« Tout être humain possède des droits et libertés intrinsèques destinés à assurer sa protection et son épanouissement ;

- Tous les êtres humains sont égaux en valeur et en dignité et ont droit à une égale protection de la loi ;

- Le respect de la dignité de l'être humain et la reconnaissance des droits et libertés dont il est titulaire constituent le fondement de la justice et de la paix ;

- Les droits et libertés de la personne humaine sont inséparables des droits et libertés d'autrui et du bien-être général ;

- Les libertés et droits fondamentaux de la personne doivent être garantis par la volonté collective et mieux protégés contre toute violation. »

Compare la situation au Québec et en Afrique du Sud en ce qui concerne les lieux de résidence et la propriété, la liberté de s'exprimer et de circuler.

En Afrique du Sud, les lieux publics sont séparés. Cette affiche indique en anglais et en afrikaans que ces toilettes sont réservées aux Noirs, aux Métis et aux Asiatiques.

Rappel

La pétition est un moyen démocratique de faire reconnaître ses droits. Les Loyalistes, venus s'installer au Québec à compter de 1776, ont envoyé de nombreuses pétitions en Angleterre pour faire reconnaître leurs droits et obtenir des terres.

La liberté

La liberté de mouvement

La liberté signifie que l'on ne dépend pas d'une autre personne. En ce sens, un esclave n'est pas libre car il appartient à quelqu'un, comme un objet. Dans un système démocratique, les personnes sont libres de faire leurs propres choix tout en respectant la loi.

Au Québec, la population peut résider là où elle le désire et il est possible de posséder une propriété. Les gens sont libres de circuler sur le territoire, peu importe leur origine ethnique, tout en respectant le droit des autres à la vie privée. Les lieux publics sont accessibles à tous.

La liberté d'expression

Au Québec, chaque personne est libre d'exprimer son opinion publiquement. Les différents médias, comme les journaux, la télévision ou Internet, sont de puissants moyens pour exercer la liberté d'expression et remettre en cause les décisions des gouvernements. Toutefois, cette liberté d'expression doit s'exercer dans un esprit de respect envers les autres.

Sur le plan politique, le moyen retenu pour s'exprimer est le droit de voter pour élire un gouvernement. Ce droit est acquis depuis l'Acte constitutionnel de 1791. Les femmes votent pour élire le gouvernement provincial depuis 1940. En 1980, pour voter, il faut être citoyen canadien et âgé de plus de 18 ans. De même, quiconque peut créer ou joindre un parti politique pour défendre ses idées.

Charte québécoise des droits et libertés de la personne
Premier chapitre
Libertés et droits fondamentaux (articles 1 à 9)

- **Art. 1** Le droit à la vie, à la sûreté, à l'intégrité et à la liberté de sa personne, ainsi que la reconnaissance de la personnalité juridique de chaque personne.
- **Art. 2** Le droit au secours.
- **Art. 3** Les libertés de conscience, de religion, d'opinion, d'expression, de réunion pacifique et d'association.
- **Art. 4** Le droit à la sauvegarde de sa dignité, de son honneur et de sa réputation.
- **Art. 5** Le droit au respect de sa vie privée.
- **Art. 6** Le droit à la jouissance paisible et à la libre disposition de ses biens.
- **Art. 7 et 8** Le droit à l'inviolabilité de sa demeure.
- **Art. 9** Le droit au respect du secret professionnel.

Au Québec, les enfants de toutes origines peuvent aller à l'école ensemble.

Discrimination : fait de distinguer un groupe ou une personne des autres en le traitant différemment, en lui donnant un statut inférieur.

L'égalité

Des droits égaux pour tous

Au Québec, la Charte des droits et libertés applique le principe d'égalité. Tous les êtres humains naissent libres et sont égaux devant la loi. L'article 10 de la Charte est très clair :

« Toute personne a droit à la reconnaissance et à l'exercice, en pleine égalité, des droits et libertés de la personne, sans distinction, exclusion ou préférence fondée sur la race, la couleur, le sexe, la grossesse, l'orientation sexuelle, [...], l'âge sauf dans la mesure prévue par la loi, la religion, les convictions politiques, la langue, l'origine ethnique ou nationale, la condition sociale, le handicap ou l'utilisation d'un moyen pour pallier ce handicap. »

Toute **discrimination** basée sur ces aspects est interdite par la loi. Ainsi, le gouvernement québécois protège les personnes contre le racisme.

Les mêmes chances pour tous

En plus d'être égaux devant la loi, les Québécois et les Québécoises disposent de moyens importants pour se développer. La Charte assure l'égalité des chances à tous et à toutes.

Cela signifie que tous les jeunes du Québec peuvent bénéficier de l'instruction gratuite jusqu'à 16 ans. Les enfants ont aussi droit à la sécurité et à la protection nécessaires à leur croissance.

En fait, l'égalité des chances permet à tous les individus de profiter des mêmes possibilités afin de réaliser leurs rêves.

Des enfants sud-africains blancs se rendent à l'école en autobus sous la protection d'un garde armé.

Des enfants sud-africains noirs se rendent à l'école à pied.

La fraternité

Un État solidaire

Individuellement, la fraternité unit profondément deux personnes. Elles se respectent et se viennent en aide mutuellement. Les peuples aussi développent des liens de fraternité lorsque tous les citoyens sont unis par une appartenance commune. La fraternité au Québec se manifeste par la reconnaissance de l'égalité de tous les citoyens qui font preuve d'amitié, de tolérance et de solidarité les uns envers les autres.

Au Québec, il existe des réseaux de solidarité. Par exemple, des organismes distribuent de la nourriture aux personnes en difficulté. D'autres accueillent les femmes victimes de violence. Des groupes aident les immigrants à s'adapter à leur nouveau pays.

Certains réseaux d'entraide sont administrés par l'État. Tout citoyen malade a droit à des soins de santé gratuits, peu importe ses origines, ses croyances ou sa situation économique. Les personnes défavorisées financièrement ont droit à de l'aide de l'État. Les travailleurs sont protégés de façon à obtenir des conditions de travail justes et équitables.

Dans mon pays, la fraternité n'existe pas entre les Blancs et les non-Blancs. L'apartheid l'interdit. Cependant au sein de chacune des communautés noires, métisses et asiatiques il existe une grande fraternité. Cela, l'État ne peut l'interdire. La fraternité existe aussi entre des membres de ces trois groupes opprimés, même si la Constitution ne le permet pas. C'est en étant d'abord unis que nous pourrons un jour nous libérer de l'apartheid.

En Afrique du Sud, vers 1980, même les cabines téléphoniques sont séparées pour éviter les contacts entre les Blancs et les Noirs.

Au Québec, les enfants de toutes les races peuvent jouer ensemble.

En bref

- En 1955, l'ANC adopte la Charte de la liberté qui défend l'égalité des droits pour tous les Sud-Africains. Le gouvernement blanc refuse d'adopter une telle charte pour le pays.
- La Charte québécoise des droits et libertés de la personne assure la liberté de mouvement de la population et garantit la liberté d'exprimer ses opinions.
- La Charte québécoise des droits et libertés de la personne interdit toute discrimination basée sur la race, le sexe, la religion, les convictions politiques, la langue, la condition sociale ou un handicap. La Charte assure aussi l'égalité des chances à tous et à toutes.
- Au Québec, il existe des réseaux de solidarité et certains de ces réseaux d'entraide viennent de l'État.

Épilogue

L'apartheid en Afrique du Sud est dénoncé par des millions de gens dans le monde. Plusieurs pays, dont la France et les États-Unis, refusent de faire du commerce avec l'Afrique du Sud à partir de 1985. Ces pressions de plus en plus fortes forcent le gouvernement sud-africain à réagir. Le président, Frederik W. De Klerk, libère de prison Nelson Mandela et abolit l'apartheid en 1990. L'Afrique du Sud amorce alors un processus de démocratisation. En 1993, Frederik De Klerk et Nelson Mandela reçoivent le prix Nobel de la paix pour leurs efforts en faveur de l'égalité raciale.

En 1994, les Sud-Africains de toutes origines participent pour la première fois de leur histoire à l'élection de leur gouvernement. La population, majoritairement noire, porte au pouvoir l'ANC, dirigé par Nelson Mandela. Après 27 ans d'emprisonnement, il devient le premier président noir d'Afrique du Sud.

En 1994, Nelson Mandela est porté au pouvoir après l'abolition de l'apartheid. Il prend sa retraite de la vie publique en 1999, à l'âge de 81 ans. Thabo Mbeki, un compagnon de lutte contre l'apartheid, le remplace à la tête de l'ANC et à la présidence de l'Afrique du Sud. L'ANC remporte les élections en 1999, puis en 2004.

©C.Peters/Sipa/Ponopresse

Témoignage

« J'ai combattu la domination des Blancs. J'ai défendu l'idéal d'une société libre et démocratique où tous les individus puissent vivre ensemble en harmonie et avec des chances égales. Je vis dans l'espoir de voir un jour s'accomplir cet idéal. Mais, s'il le faut, c'est un idéal pour lequel je suis prêt à mourir. »

Nelson Mandela, avant d'être emprisonné en 1962

LA NOUVELLE AFRIQUE

28 octobre 1998 - Afrique du Sud. Depuis la fin du régime raciste d'apartheid, les Blancs ont perdu l'exclusivité du pouvoir. La démocratie se met peu à peu en place. Mais, une question cruciale demeure. Les Blancs seront-ils victimes de la vengeance des Noirs ?

En 1995, pour éviter que l'Afrique du Sud ne sombre à nouveau dans la violence, le gouvernement de Nelson Mandela met sur pied la Commission de la vérité et de la réconciliation. Cette commission est chargée d'examiner les crimes commis durant l'apartheid et d'accorder le pardon à tous ceux qui avouent leurs fautes.

C'est hier que la Commission, présidée par Mgr Desmond Tutu, remettait son rapport après avoir entendu 21 000 victimes du régime de l'apartheid. Près de 2400 personnes ont témoigné des souffrances endurées lors de leur emprisonnement et 7000 personnes ont demandé à être pardonnées de leurs crimes envers les Noirs. La grande majorité d'entre elles ont reçu leur pardon.

©Megapress/Rapho/Gloaguen

Avec la fin de l'apartheid en Afrique du Sud, il est enfin possible que les enfants noirs et les enfants blancs aillent à l'école ensemble.

Vérifie tes connaissances

Tu viens d'étudier ce qu'apporte la Charte québécoise des droits et libertés de la personne. Plus précisément, tu as observé, à l'aide d'exemples concrets, comment il est possible de vivre en liberté, protégé par des droits et en fraternité avec les autres. Tu as vu que la situation en Afrique du Sud vers 1980 est très différente de celle du Québec. Afin d'organiser toutes ces nouvelles connaissances, fais le point avec ton enseignante ou ton enseignant en remplissant la fiche qu'elle ou il te remettra.

Discute et prends position

Au Québec, la liberté d'opinion est protégée par la Charte québécoise des droits et libertés de la personne. Les individus sont libres de dire publiquement ce qu'ils pensent. Les différents médias, comme les journaux, la télévision ou Internet, sont de puissants moyens pour exercer cette liberté d'expression. Toutefois, cette liberté d'expression doit s'exercer dans un esprit de respect.

En groupe

1. La liberté d'expression ou d'action d'une personne s'arrête où commence celle de l'autre. Expliquez ce que signifie cet énoncé par des exemples concrets.

2. De quelle façon les différents médias peuvent-ils servir la liberté d'expression? Donnez votre opinion.

Va plus loin

Les journaux à grand tirage possèdent généralement des sections mises à la disposition des lecteurs pour exprimer leurs opinions.

As-tu une opinion sur l'application de l'apartheid en Afrique du Sud? Quelle est-elle? Écris un cours texte, comme ceux des tribunes libres des journaux, où tu donnes ton opinion sur le sujet.

Projet de voyage

Halte

Ce troisième dossier démontre comment les droits des citoyens peuvent être protégés par l'adoption d'une charte. Peux-tu donner des exemples concrets de l'application au Québec des principes de liberté, d'égalité et de fraternité? Quelles sont les différences avec la situation des droits de la personne en Afrique du Sud vers 1980? Ces renseignements vont t'aider à réaliser ta création artistique.

Intégration

Projet de voyage

Ce voyage t'a permis de visiter l'Afrique du Sud vers 1980, un pays alors divisé sur des bases raciales. Tu as relevé des éléments géographiques, politiques, économiques et sociaux sur ce pays. Tu as constaté les différences entre la façon de vivre dans un pays démocratique et dans un pays qui ne l'est pas.

Ta création artistique doit illustrer comment l'apartheid en Afrique du Sud et la liberté démocratique au Québec déterminent l'occupation du territoire, la vie des gens, le développement économique, les droits et libertés.

Présente maintenant ta création artistique et partage tes opinions avec tes camarades.

Bilan de voyage

Notre voyage en Afrique du Sud se termine. C'est maintenant le temps d'en faire le bilan. Inspire-toi des renseignements contenus dans les trois dossiers de l'escale. Consulte au besoin ton GUIDE DE VOYAGE. Il te fournit de l'information essentielle pour te situer en Afrique du Sud vers 1980. Rappelle-toi les découvertes que tu as faites en préparant ton projet.

À l'aide de la section COMPÉTENCES POUR VOYAGER à la page 149, tu peux maintenant

- Situer la société sud-africaine dans l'espace et dans le temps.
- Observer et comparer les caractéristiques du territoire du Québec à celui de l'Afrique du Sud.
- Expliquer les ressemblances et les différences entre la société québécoise et celle de l'Afrique du Sud.
- Nommer les forces et les faiblesses de chacune de ces sociétés.

Discute et prends position une dernière fois

Vers 1980, l'Afrique du Sud vit sous le régime de l'apartheid. Les Blancs exercent tous les pouvoirs et la population non blanche aucun. Les tensions raciales sont très fortes.

Imagine que tu es un enfant noir né à Soweto et qui vit en Afrique du Sud vers 1980. Imagine quelle serait ta vie. Pourrais-tu te déplacer partout comme bon te semble ? Quelles seraient tes occupations ? Tes loisirs ? Irais-tu à l'école ?

Compare ce mode de vie au tien. Quels seraient les différences, les avantages ou les désavantages ? Exprime ton opinion.

Partage tes idées avec tes camarades. Sois à l'écoute des autres élèves. Et place bien toutes ces idées dans tes valises pour un dernier voyage !

LIBERTÉ
ÉGALITÉ
FRATERNITÉ

Escale 4
Les Micmacs et les Inuits vers 1980

1500
Voyages chez les Amérindiens

1645   Voyages en Nouvelle-France   1745

1500 | 1501   1600 | 1601   1700 | 1701

Et voilà. C'est la fin de notre voyage à travers le 20ᵉ siècle. Nous avons quitté l'Afrique du Sud pour revenir dans la province de Québec visiter deux sociétés autochtones, les Micmacs et les Inuits.

Nous sommes d'abord attendus chez les Micmacs. Ensuite, nous nous rendrons chez les Inuits du Québec vers 1980. Tu pourras comparer leurs modes de vie et découvrir les réalités de leur quotidien. Tu verras que les sociétés inuite et micmaque sont à la fois semblables et bien différentes de la société québécoise que tu connais.

Alors, place bien tes souvenirs dans ton sac à dos pour cette dernière escale. Allons découvrir ces deux sociétés en survolant la province du nord au sud. Un jeune garçon est impatient d'en apprendre davantage sur la vie des Micmacs et des Inuits. Il s'appelle Alexandre Béland.

				Voyage au Québec		
1820	Voyages au Canada	1905	Voyage en Afrique du Sud	**1980**	
1800	1801	1900	1901	**Voyage chez les Micmacs et les Inuits**	2000	2001

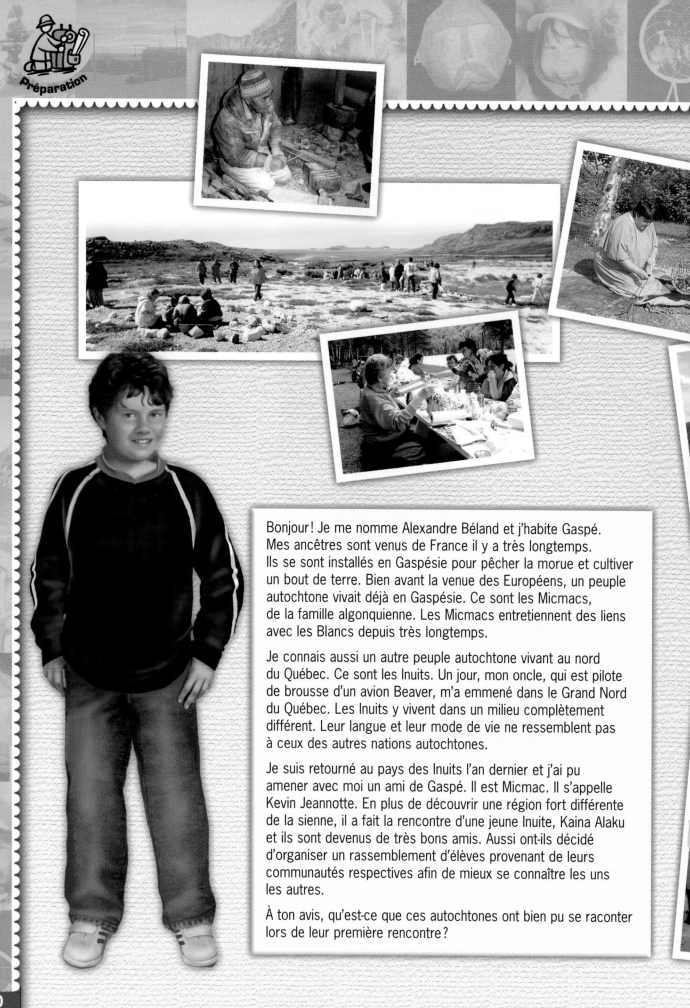

Bonjour! Je me nomme Alexandre Béland et j'habite Gaspé. Mes ancêtres sont venus de France il y a très longtemps. Ils se sont installés en Gaspésie pour pêcher la morue et cultiver un bout de terre. Bien avant la venue des Européens, un peuple autochtone vivait déjà en Gaspésie. Ce sont les Micmacs, de la famille algonquienne. Les Micmacs entretiennent des liens avec les Blancs depuis très longtemps.

Je connais aussi un autre peuple autochtone vivant au nord du Québec. Ce sont les Inuits. Un jour, mon oncle, qui est pilote de brousse d'un avion Beaver, m'a emmené dans le Grand Nord du Québec. Les Inuits y vivent dans un milieu complètement différent. Leur langue et leur mode de vie ne ressemblent pas à ceux des autres nations autochtones.

Je suis retourné au pays des Inuits l'an dernier et j'ai pu amener avec moi un ami de Gaspé. Il est Micmac. Il s'appelle Kevin Jeannotte. En plus de découvrir une région fort différente de la sienne, il a fait la rencontre d'une jeune Inuite, Kaina Alaku et ils sont devenus de très bons amis. Aussi ont-ils décidé d'organiser un rassemblement d'élèves provenant de leurs communautés respectives afin de mieux se connaître les uns les autres.

À ton avis, qu'est-ce que ces autochtones ont bien pu se raconter lors de leur première rencontre?

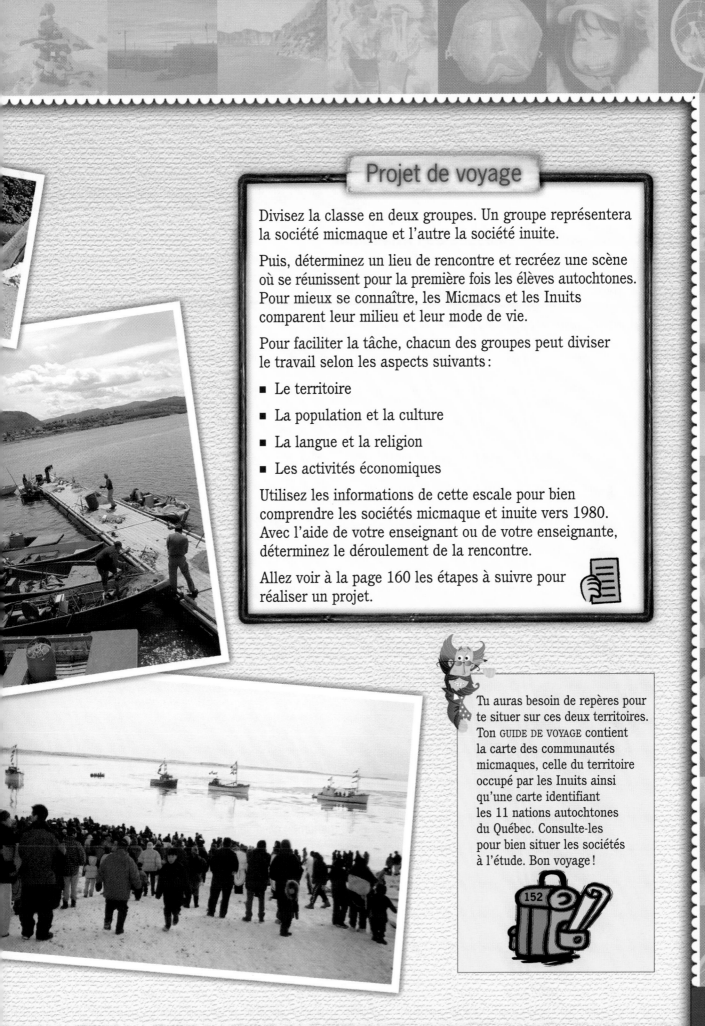

Projet de voyage

Divisez la classe en deux groupes. Un groupe représentera la société micmaque et l'autre la société inuite.

Puis, déterminez un lieu de rencontre et recréez une scène où se réunissent pour la première fois les élèves autochtones. Pour mieux se connaître, les Micmacs et les Inuits comparent leur milieu et leur mode de vie.

Pour faciliter la tâche, chacun des groupes peut diviser le travail selon les aspects suivants :

- Le territoire
- La population et la culture
- La langue et la religion
- Les activités économiques

Utilisez les informations de cette escale pour bien comprendre les sociétés micmaque et inuite vers 1980. Avec l'aide de votre enseignant ou de votre enseignante, déterminez le déroulement de la rencontre.

Allez voir à la page 160 les étapes à suivre pour réaliser un projet.

Tu auras besoin de repères pour te situer sur ces deux territoires. Ton GUIDE DE VOYAGE contient la carte des communautés micmaques, celle du territoire occupé par les Inuits ainsi qu'une carte identifiant les 11 nations autochtones du Québec. Consulte-les pour bien situer les sociétés à l'étude. Bon voyage !

152

Collection particulière

Pour bien situer les sociétés micmaque et inuite, observe les cartes suivantes. Compare le territoire occupé par ces deux sociétés. Quelles différences observes-tu?

Les communautés micmaques de l'Atlantique

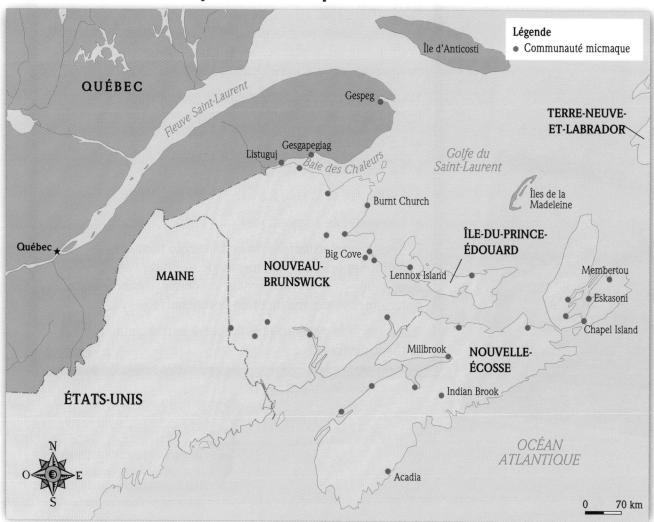

Légende
● Communauté micmaque

QUÉBEC

Île d'Anticosti

Fleuve Saint-Laurent

Gespeg

TERRE-NEUVE-ET-LABRADOR

Gesgapegiag

Listuguj

Baie des Chaleurs

Golfe du Saint-Laurent

Îles de la Madeleine

Burnt Church

ÎLE-DU-PRINCE-ÉDOUARD

Québec ★

Big Cove

Lennox Island

Membertou

MAINE

NOUVEAU-BRUNSWICK

Eskasoni

Chapel Island

Millbrook

NOUVELLE-ÉCOSSE

ÉTATS-UNIS

Indian Brook

OCÉAN ATLANTIQUE

N
O E
S

Acadia

0   70 km

Population micmaque vers 1980	
Provinces maritimes canadiennes	15 000
États-Unis	5 700
Québec	4 300
Total	**25 000**

©Stéphane Beauregard

Observe cette carte. Peux-tu repérer les territoires habités par les Inuits? Quel est le territoire inuit en sol québécois? Quelles sont les différences avec le territoire occupé par des communautés micmaques?

Le Grand Nord canadien

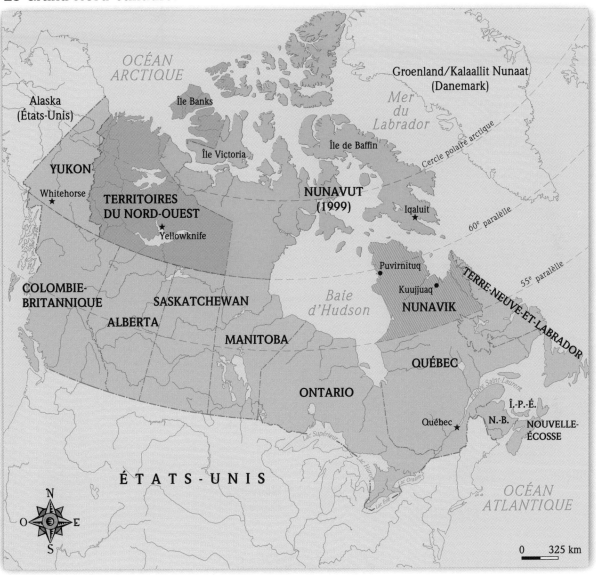

Population inuite vers 1980	
Territoires du Nord-Ouest*	15 000
Nunavik	8 000
Labrador	2 400
Total	**25 400**

*Incluant le Nunavut

Les 11 nations autochtones du Québec

LES 11 NATIONS

Inuits

Famille algonquienne
- Abénaquis
- Algonquins
- Attikameks
- Cris
- Innus (Montagnais)
- Malécites
- Micmacs
- Naskapis

Famille iroquoïenne
- Hurons-Wendats
- Mohawks

0   150 km

Les nations micmaque et inuite ne sont pas les seules au Québec. Cette carte situe les 11 nations autochtones du Québec. Quelle est la nation la plus près de chez toi ?

Les zones de végétation et la forêt

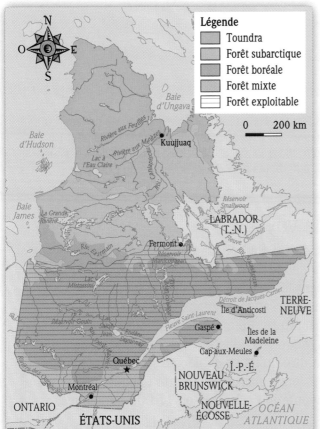

Légende
- Toundra
- Forêt subarctique
- Forêt boréale
- Forêt mixte
- Forêt exploitable

0   200 km

Les climats

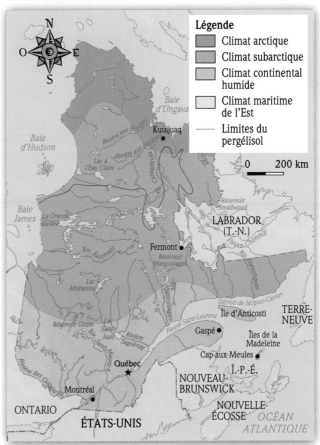

Légende
- Climat arctique
- Climat subarctique
- Climat continental humide
- Climat maritime de l'Est
- Limites du pergélisol

0   200 km

Climat arctique

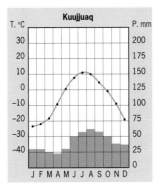

Climat subarctique

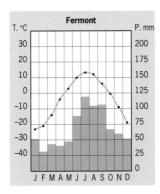

Climat continental humide

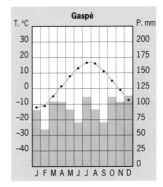

Climat maritime de l'Est

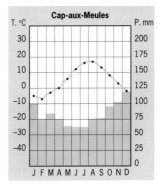

> Observe les cartes et les climatogrammes de cette page. Le climat et la végétation d'une région influencent-ils le mode de vie des populations ? Donne des exemples.

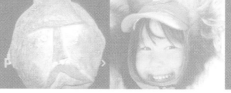

Dossier 1

Les Micmacs

Le GUIDE DE VOYAGE contient la carte du territoire occupé par les communautés micmaques de l'Atlantique. Utilise-la pour te situer et éventuellement la comparer au territoire inuit. La carte de la page 114 t'aidera à situer les Micmacs parmi les différentes nations autochtones du Québec.

Souvenirs de voyage

Les Micmacs font partie de la grande famille algonquienne. Vers 1500, les Algonquiens occupent le Bouclier canadien et les Appalaches. Ces territoires montagneux sont peu favorables à l'agriculture. Pour subvenir à leurs besoins, les Algonquiens adoptent un mode de vie nomade, c'est-à-dire qu'ils se déplacent régulièrement pour trouver leur nourriture. À cette époque, on estime leur population à 15 000 ou 17 000 personnes.

Les Algonquiens sont essentiellement des peuples de chasseurs. La société algonquienne est patriarcale car les hommes y jouent un rôle de premier plan dans l'apport de la nourriture. La vie s'organise autour de la famille et de la bande, dirigée par un chef élu. Hommes et femmes ont un immense respect de la nature qui leur fournit ce dont ils ont besoin pour vivre.

La situation géographique des Algonquiens leur permet de se procurer les fourrures d'animaux, dont le castor, tant recherchées par les Européens. En Nouvelle-France, les Algonquiens sont les alliés traditionnels des Français contre leurs ennemis anglais et iroquois.

Les Algonquiens construisent des wigwams pour se loger. Ces habitations se démontent et sont facilement transportables lors des nombreux déplacements de ce peuple.

Les Algonquiens sont des experts dans la construction des canots, forts utiles pour des déplacements en rivières.

Projet de voyage

Halte

Ce premier dossier illustre les principales caractéristiques de la société des Micmacs vers 1980. Utilise ces informations pour décrire la société micmaque dont Kevin est issu. N'oublie pas que tu auras à comparer cette société à la société inuite vers 1980.

Nous commençons notre visite chez les Micmacs, tout près de chez moi. Ils sont l'une des huit nations algonquiennes du Québec.

Le peuple de la mer

Le territoire ancestral

À l'arrivée des Français, le territoire des Micmacs comprend la péninsule gaspésienne, les provinces actuelles du Nouveau-Brunswick, de la Nouvelle-Écosse, de l'Île-du-Prince-Édouard et le sud de Terre-Neuve.

Ce territoire immense couvre une superficie de 100 000 kilomètres carrés. Ce sont les Micmacs qui accueillent Jacques Cartier en 1534, lors de son premier voyage au Canada.

En 1980, les Micmacs vivent sur une petite portion de leur territoire ancestral. Ils habitent des emplacements appelés **réserves**, qui leur ont été attribués au 19e siècle. Ces réserves représentent moins de 1 % de leurs territoires d'origine.

Des lois pour les Amérindiens

Les Amérindiens du Canada sont les descendants des premiers habitants de l'Amérique du Nord. En 1876, le gouvernement canadien adopte la *Loi sur les Indiens* qui établit certaines obligations du gouvernement envers les Amérindiens. Cette loi leur donne un statut différent de celui des autres citoyens canadiens. De nombreux Amérindiens jugent que le mot « Indien » est dépassé et blessant. Ils préfèrent le terme « Premières Nations ».

Territoire occupé par les Amérindiens vers 1500

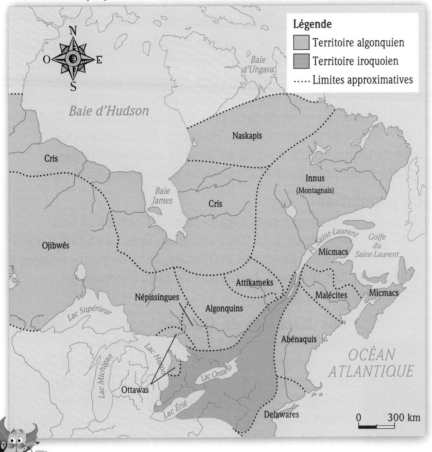

Observe cette carte et compare le territoire micmac en 1500 et en 1980. Utilise la carte de ton GUIDE DE VOYAGE. Qu'observes-tu ?

Réserve : territoire attribué aux Amérindiens par le gouvernement du Canada.

SAVAIS-TU...

Le nom Micmac, dont le mot s'orthographie « Mi'kmaq », provient du mot « nikmak » qui signifie « mes proches parents ».

Micmacs sur la rivière Ristigouche, en Gaspésie, en 1878.

BNQ

La Loi constitutionnelle de 1982 et la Charte canadienne des droits et libertés marquent la vie des autochtones en définissant formellement leurs droits pour la première fois.

Ancestral : qui date du temps de nos ancêtres, plus vieux que les grands-parents.

Constitution et Premières Nations

Depuis 1982, la Constitution canadienne définit trois groupes d'autochtones : les Indiens, les Métis et les Inuits. Ces trois peuples se distinguent par leurs origines, leur histoire, leurs langues, leurs cultures et leurs croyances religieuses. La Constitution canadienne reconnaît et confirme les droits **ancestraux** de chacun de ces trois groupes.

En 1985, le gouvernement canadien modifie la *Loi sur les Indiens* étant donné que cette loi de 1876 est discriminatoire envers certains Indiens. Par exemple, cette loi stipule qu'une Indienne qui épouse un homme non autochtone perd son statut et ses droits d'Indienne : elle ne peut plus vivre sur sa réserve. En 1985, la situation est corrigée. Toutefois, les Amérindiens doivent toujours être inscrits au registre du ministère des Affaires indiennes pour être reconnus comme des Amérindiens.

La population

En 1980, les Micmacs sont organisés en 29 bandes et leur population est estimée à 25 000 personnes. Près de 15 000 d'entre eux vivent dans les provinces maritimes, dans de petits villages situés dans des réserves. La plupart de ces réserves sont établies près de la mer.

Les Micmacs du Québec

Vers 1980, environ 4300 Micmacs, divisés en trois bandes, vivent en Gaspésie. La bande la plus nombreuse est située à Restigouche (aujourd'hui Listuguj), près du Nouveau-Brunswick. Cette communauté comprend 2848 personnes, dont 806 vivent à l'extérieur de la réserve. Une autre bande est installée à Maria (aujourd'hui Gesgapegiag), sur la rive nord de la baie des Chaleurs. Moins de la moitié des 1026 Micmacs de Maria vivent dans la réserve.

Enfin, la troisième bande qui habite Gaspé (Gespeg) n'a pas de réserve. Ces 452 Micmacs vivent en relation étroite avec la population non autochtone. Toutefois, même si cette bande n'a pas de territoire assigné, elle administre elle-même ses affaires par l'entremise du conseil de bande de Gespeg.

Office du tourisme de Gaspé

Gespeg, en langue micmaque, désigne la fin des terres. Jacques Cartier en 1534 y plantait une croix, prenant ainsi possession du territoire au nom de la France.

Population micmaque de l'Atlantique	
Nouvelle-Écosse	13 bandes
Nouveau-Brunswick	9 bandes
Québec	3 bandes
Île-du-Prince-Édouard	2 bandes
Terre-Neuve	1 bande
Maine (É.-U.)	1 bande

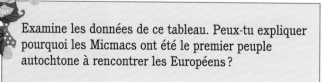

Examine les données de ce tableau. Peux-tu expliquer pourquoi les Micmacs ont été le premier peuple autochtone à rencontrer les Européens ?

La survie des Micmacs

À l'arrivée des Français, les Micmacs, divisés en plusieurs bandes, forment une grande nation. Ils se distinguent par une langue et des coutumes différentes de celles des autres groupes autochtones.

Le centre d'interprétation de la nation micmaque de Gespeg, situé à Gaspé, plonge les visiteurs dans l'univers micmac vers 1675.

Roger Pelletier

En 1980, les bandes micmaques sont bien organisées. Mais au début du 20ᵉ siècle, cette nation était sur le point de disparaître. Ce n'est que dans les années 1960 que la nation micmaque reprend vie. Les communautés renouent alors avec leurs coutumes ancestrales et s'affirment sur le plan politique.

Comme plusieurs nations autochtones, les Micmacs doivent composer avec un mode de vie moderne, tout en maintenant leurs coutumes. Cette réalité oblige à des choix déchirants.

L'identité micmaque

À l'origine, les Micmacs étaient nomades. Ce mode de vie est complètement bouleversé lorsque le gouvernement canadien leur assigne des réserves. Il en résulte une grande pauvreté et un taux de chômage très élevé.

Pour survivre, la culture des Micmacs dépend des liens que tissent entre elles les différentes communautés. Celles-ci se rassemblent dans la pratique de différents rites et dans le respect de certains **us et coutumes**. Grâce aux mariages, à l'hospitalité offerte aux voyageurs micmacs et aux grandes fêtes, comme le *pow-wow*, les Micmacs gardent leurs traditions bien vivantes.

Us et coutumes : habitudes.

Un capteur de rêves amérindien.

Collection particulière

*Un **pow-wow** micmac regroupe les membres de la communauté et les visiteurs afin de célébrer la culture autochtone. C'est une occasion pour rassembler parents et amis.*

Félix Atencio, coll. MEQ

Français	Micmac
Je t'aime.	Kesalul
Quel est ton nom?	Taluisin kíl?
S'il vous plaît.	Ké
Merci	Welálin, Weláliek
Je vous en prie.	Weliaq
Comment allez-vous?	Mé talwléin?
Je vais bien.	Weléi

SAVAIS-TU...

Un *autmoin* ou *chaman* est un guérisseur. Le chaman utilise des herbes médicinales pour guérir les malades. Il fait aussi l'interprétation des rêves.

La langue

Pour protéger leurs coutumes, les Micmacs doivent préserver leur langue. Vers 1980, la langue micmaque est encore d'usage dans certaines réserves. Les enfants apprennent leur langue ancestrale à la maison, mais ils ont peu l'occasion de la parler. On l'enseigne à l'école dans les communautés de Listuguj et de Gesgapegiag.

Mis à part la communauté de Gaspé intégrée à la population francophone non autochone, les Micmacs utilisent surtout la langue anglaise dans leur vie de tous les jours. Cela leur permet de communiquer facilement avec les autres nations du Canada et des États-Unis.

Les croyances religieuses

L'impact des Français

Lorsque les Français arrivent en Acadie en 1604, dans l'actuelle province de la Nouvelle-Écosse, les Micmacs deviennent rapidement leurs alliés. En 1610, Membertou, chef de bande et guérisseur, se convertit à la religion catholique et devient le premier Indien baptisé en Nouvelle-France.

Le Grand Conseil des Micmacs et le pape concluent alors un traité. Les Micmacs acceptent de protéger les prêtres et les colons français en échange de pouvoirs religieux, comme la direction de la prière commune en l'absence d'un prêtre.

En 1980, une majorité de Micmacs déclarent être catholiques. Par contre, de plus en plus de membres de la nation micmaque retournent à leurs traditions religieuses. Par conséquent, les croyances et les rituels sont un mélange de catholicisme et de traditions micmaques.

Rappel

En 1605, les Français construisent une habitation en Acadie dans le but d'y faire le commerce. Samuel de Champlain, qui fonde Québec en 1608, fait partie de l'expédition.

Portrait d'une jeune Micmaque tissant des paniers vers 1846. Elle porte une croix à son cou.

ANC C-151329

La *Sante' Mawio'mi*

Les mélanges de traditions religieuses sont fréquents chez les Micmacs. Par exemple, le rassemblement du Grand Conseil est la plus respectée et la plus ancienne des institutions. On l'appelle la *Sante' Mawio'mi*, qui veut dire «réunion sainte» en langue micmaque, en l'honneur de sainte Anne, la sainte patronne des Micmacs. La fête de sainte Anne est célébrée le 26 juillet de chaque année depuis l'établissement des colons français.

Cette réunion de la *Sante' Mawio'mi* a lieu une fois l'an à Chapel Island, en Nouvelle-Écosse. C'est un moment privilégié où s'expriment la foi catholique et la culture traditionnelle des Micmacs. Un grand chef est élu parmi les membres du Grand Conseil. On célèbre la messe et on chante des hymnes chrétiens en langue micmaque. Puis, le grand chef prononce un discours devant l'église. Par la suite, on promène la statue de sainte Anne entre les drapeaux et les bannières micmacs.

Ces cérémonies sont aussi l'occasion de discuter politique. On fume le calumet de paix et on règle différentes querelles. Mais surtout, la *Sante' Mawio'mi* est un temps de réjouissances. Les amis et parents sont réunis pour danser, chanter et festoyer. Certains célèbrent des baptêmes ou des mariages.

Mi'gmawei Mawiomi

Des Micmacs célébrant la fête de sainte Anne à Chapel Island, en Nouvelle-Écosse.

Collection particulière

Ce panier est un exemple de l'artisanat traditionnel micmac.

Félix Atencio, coll. MEQ

Des Micmacs pique-niquent près de la rivière Ristigouche.

Les cartes du GUIDE DE VOYAGE localisent les communautés micmaques et contiennent des renseignements sur le climat et la végétation. Utilise-les pour comprendre le développement économique de la société des Micmacs.

Les activités économiques

La Gaspésie a des paysages à couper le souffle. Chaque année, de nombreux touristes viennent visiter ma région. Pour les Micmacs, voilà une belle occasion de faire connaître leur culture tout en assurant des revenus à la communauté.

Le tourisme

Depuis 1980, le développement de certaines activités permet aux communautés micmaques de diversifier leur économie. En Gaspésie, l'industrie touristique est très importante, ce qui permet aux Micmacs de vendre leurs produits artisanaux et artistiques.

Un village micmac typique du 17e siècle est reconstitué à Listuguj, afin de faire connaître le mode de vie ancestral. Le centre d'interprétation de la nation micmaque de Gespeg place le visiteur en contact avec le milieu de vie ancestral. Le savoir micmac s'inspire d'une grande connaissance de l'environnement. On y montre comment utiliser les ressources disponibles pour se nourrir, se vêtir ou se loger.

Roger Pelletier

Le savoir-faire des Micmacs provient de connaissances ancestrales.

La pêche

Le gouvernement du Canada et ceux des provinces gèrent l'industrie de la pêche au pays. Les communautés autochtones, comme les Micmacs, doivent s'entendre avec les gouvernements québécois et canadien pour pratiquer cette activité. Les autochtones ont des droits de pêche reconnus, ce qui entraîne parfois des conflits entre les communautés autochtones et non autochtones.

La pêche des moules, des crevettes et du homard est une importante source de revenus pour les communautés micmaques. De plus, la pêche du saumon est une activité traditionnelle pratiquée depuis fort longtemps.

En bref

- En 1980, de nombreux Micmacs vivent dans des réserves qui correspondent à une petite portion de leur territoire ancestral. Trois bandes micmaques habitent la Gaspésie, dont deux dans des réserves, pour un total d'environ 4300 personnes.
- La culture micmaque reprend force depuis les années 1960. Le mode de vie moderne s'unit aux traditions ancestrales où se mélangent des croyances catholiques.
- L'économie micmaque est liée au développement du tourisme, de l'artisanat, de l'art et de l'industrie de la pêche.

Vérifie tes connaissances

Tu viens d'observer la société des Micmacs vers 1980. Afin d'organiser toutes ces informations, fais le point avec ton enseignante ou ton enseignant en remplissant la fiche qu'elle ou qu'il te remettra.

Discute et prends position

Éducation à la citoyenneté

Depuis les années 1960, les Micmacs retrouvent et affirment de plus en plus leur identité ancestrale.

En groupe

1. Pouvez-vous nommer des traditions familiales provenant de vos grands-parents ou de vos ancêtres?

2. Selon vous, pourquoi est-ce important de maintenir des traditions familiales?

Va plus loin

À l'arrivée des Européens au 16e siècle, les Micmacs occupaient entre autres le territoire actuel des provinces maritimes du Canada. Aujourd'hui, ils occupent au Québec la région de la Gaspésie. Que connais-tu du Nouveau-Brunswick, de l'Île-du-Prince-Édouard et de la Nouvelle-Écosse? Que sais-tu de la Gaspésie? Pour enrichir tes connaissances, réalise une courte recherche sur les richesses de ces coins de pays baignés par la mer.

Projet de voyage

Halte

Ce premier dossier illustre les principales caractéristiques de la société des Micmacs vers 1980. Quels territoires occupent-ils? Peux-tu relever des informations concernant la population, la langue, la religion et la culture micmaques? Et qu'en est-il de son développement économique? Prends des notes. Tu pourras comparer la société micmaque de Kevin à celle de Kaina, l'Inuite. Notre prochaine étape: le Grand Nord québécois!

Dossier 2

Réalisation

Les Inuits

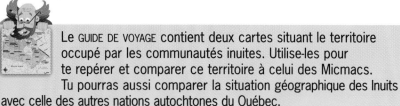

Le GUIDE DE VOYAGE contient deux cartes situant le territoire occupé par les communautés inuites. Utilise-les pour te repérer et comparer ce territoire à celui des Micmacs. Tu pourras aussi comparer la situation géographique des Inuits avec celle des autres nations autochtones du Québec.

ANC C-015497

Après l'exploration du lac Supérieur, le Français Pierre-Esprit Radisson poursuit ses explorations et atteint la baie d'Hudson. Il est un des fondateurs de la Compagnie de la baie d'Hudson en 1670.

Souvenirs de voyage

Sous le Régime français, les explorateurs ont parcouru l'Amérique du Nord à la recherche de fourrures. Au 17e siècle, certains d'entre eux parviennent à la baie James depuis le lac Supérieur. Les Amérindiens qu'ils rencontrent sont des Cris, membres de la grande famille algonquienne, comme le sont les Micmacs.

La région de la baie James et de la baie d'Hudson devient un enjeu important entre la France et l'Angleterre pour le contrôle de ses grandes richesses de fourrures. En 1713, ce territoire passe sous le pouvoir de l'Angleterre. D'ailleurs, les postes de traite anglais qui y sont implantés vont enrichir les coffres de la Compagnie de la baie d'Hudson pendant de nombreuses années.

Au nord de la baie James, un peuple se distingue des autres nations amérindiennes par sa langue et son mode de vie. Ce sont les Inuits. Pendant longtemps, leurs seuls contacts avec les Blancs se résument aux échanges avec les employés des postes de traite de la Compagnie de la baie d'Hudson.

ANC C-082972

Les explorateurs français parcourent l'Amérique à la recherche de fourrures. Comme les autochtones, ils doivent s'adapter aux rigueurs du climat.

Projet de voyage

Halte

Ce deuxième dossier présente les principales caractéristiques de la société inuite vers 1980. À l'aide des textes et des documents, relève les caractéristiques du peuple de Kaina. Il faut en comparer le milieu et le mode de vie à ceux de la société micmaque de Kevin.

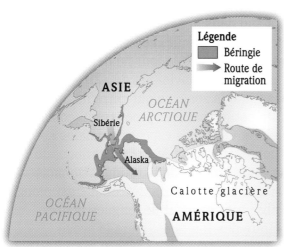

Béringie

Mammouths.

Renard arctique.

Lemming : petit animal rongeur des régions froide.

Dans le carré en haut de la carte :

Légende
- Béringie
- → Route de migration

ASIE

OCÉAN ARCTIQUE

Sibérie

Alaska

OCÉAN PACIFIQUE

Calotte glacière

AMÉRIQUE

Le peuple du Nord

Que dirais-tu de partir avec moi à bord d'un avion Beaver vers le Grand Nord québécois ? Comme tu le sais, mon oncle effectue régulièrement une liaison avec les villages inuits. Notre exploration nous permettra de découvrir une autre société autochtone. Observons tout d'abord le territoire.

Le territoire ancestral

Les Inuits et les Amérindiens sont parvenus en Amérique du Nord il y a près de 35 000 ans. Par vagues successives, ils auraient franchi la distance entre l'Asie et l'Amérique grâce à une vaste plaine herbeuse qui reliait alors les deux continents. Ce territoire, appelé Béringie, n'existe plus aujourd'hui. La fonte des glaciers a recouvert la région d'eau, créant le détroit de Béring, au nord-ouest de l'Alaska.

De nombreux animaux, tels les mammouths, les bisons, les bœufs musqués et les caribous, vivaient dans cette région. Étant des chasseurs nomades, les ancêtres des Inuits et des Amérindiens ont suivi ces animaux vers l'Amérique. Les Inuits se sont installés au nord de la ligne des arbres, c'est-à-dire dans la zone où les arbres ne poussent plus. Les Amérindiens, pour leur part, ont poursuivi leur route plus au sud. On estime que le Québec est habité par des humains depuis environ 10 000 ans.

En 1980, les Inuits habitent le Grand Nord, la région arctique de l'Amérique du Nord. Ils sont disséminés sur un territoire long de 6000 kilomètres qui s'étend du détroit de Béring jusqu'à l'est du Groenland.

Un milieu de vie rigoureux

Les Inuits vivent dans les zones arctique et subarctique. Ce sont les zones climatiques les plus froides du Canada. Dans l'Arctique, les hivers sont très froids et la saison de dégel est courte. En moyenne, les températures sont de 5 °C en été et de −25 °C en hiver. Les activités agricoles sont impossibles car le sol est gelé en permanence. La végétation est composée de lichens, de mousses et d'arbres nains. Les animaux de la toundra arctique sont les ours polaires, les caribous, les lièvres, les renards arctiques et les **lemmings.** Les poissons, les phoques et les morses y abondent.

Pergélisol : sol des régions froides gelé en permanence à une certaine profondeur.

Omble : truite.

Aurore boréale : phénomène lumineux dans le ciel des régions nordiques.

Les aurores boréales enflamment le ciel.

©Jupiter Images

Les Inuits vivant plus au sud dans la zone subarctique connaissent un climat tout aussi difficile. Les nuits d'été sont fraîches et en juillet, les températures le jour ne dépassent pas 10 °C. La température moyenne en janvier est de –20 °C. Le **pergélisol** ne couvre pas toute la zone, ce qui entraîne une végétation plus variée. De petits conifères y poussent, comme l'épinette noire ou le mélèze. Certaines espèces animales sont plus nombreuses. C'est le cas du caribou, du saumon et de l'**omble** de l'arctique. Du mois d'octobre au mois de mars, l'Arctique est plongé dans l'obscurité pendant de longues heures. Le territoire des Inuits est alors la scène du fabuleux spectacle des **aurores boréales**.

Le partage du territoire

Lors de la naissance de la Confédération canadienne en 1867, toutes les communautés inuites habitaient le nord de la Terre de Rupert qui appartenait alors à la Compagnie de la baie d'Hudson. Lorsque le gouvernement canadien achète ce territoire afin d'y construire un chemin de fer et d'attirer des colons dans les Prairies, il négocie des ententes avec les Amérindiens qui y vivent. Une grande partie de la Terre de Rupert devient alors les Territoires du Nord-Ouest.

Toutefois, le gouvernement ne conclut aucune entente avec les Inuits. Continuant de vivre au nord du pays, dans une grande pauvreté, les Inuits ont peu de contacts avec les Canadiens et les Québécois. Jusque dans les années 1950, les communautés inuites sont nomades, se déplaçant d'un campement à un autre à la recherche de gibier. Des igloos leur servent d'habitation pendant les longs mois d'hiver.

SAVAIS-TU...

Durant le 19ᵉ et le 20ᵉ siècle, les pêcheurs de baleines apportent des biens de consommation, mais transmettent en même temps des maladies contagieuses aux populations inuites. Dans l'ouest de l'Arctique canadien, la population inuite passe d'environ 2500 personnes en 1850 à 150 personnes en 1910.

Un Inuit construisant un igloo vers 1950.

ANC PA-114659

Observe la carte du Grand Nord canadien de ton GUIDE DE VOYAGE pour localiser ces territoires.

Le village de Salluit au Nunavik.

Observe les deux photos sur cette page. Que remarques-tu au sujet du climat et de la végétation de cette région?

Des Territoires du Nord-Ouest au Nunavut

La misère dans laquelle vivent les Inuits au début des années 1950 pousse le gouvernement du Canada à agir. Il encourage alors les populations inuites à devenir sédentaires et à abandonner leur mode de vie traditionnel nomade. On construit des habitations dans des villages, ainsi que des écoles, des cliniques médicales, des aéroports et certains commerces plus modernes.

Le Nunavik

En 1975, le gouvernement provincial et les Inuits du Québec signent la Convention de la Baie-James et du Nord québécois. Cette entente établit les droits de propriété des Inuits sur le territoire du nord du Québec. Ce territoire, qui représente le tiers de la superficie du territoire québécois, soit 500 000 kilomètres carrés, s'appelle le Nunavik.

Le Nunavut

Les Inuits habitant l'est et le centre de l'Arctique canadien proposent en 1976 la création d'un territoire séparé des Territoires du Nord-Ouest, le Nunavut, ce qui signifie «notre terre» en langue inuite. Sa superficie couvre un cinquième du Canada et son littoral est le plus long du monde. De grands gisements de gaz naturel et de pétrole se trouvent sur cette côte, transformée en banquise durant quatre à douze mois par année.

Les Territoires du Nord-Ouest

Dans la partie ouest de l'Arctique canadien, les Inuits ont négocié des ententes territoriales avec le gouvernement du Canada et celui des Territoires du Nord-Ouest. Ces ententes leur donnent accès aux réserves de pétrole et de gaz naturel de la mer de Beaufort.

SAVAIS-TU...

Le 1er avril 1999 naissait un nouveau territoire canadien: le Nunavut. Sa création est le résultat de plus de 30 ans de négociations entre les Inuits de l'est et du centre de l'Arctique, le gouvernement des Territoires du Nord-Ouest et le gouvernement canadien.

Réunion d'Inuits dans la toundra vers 1980.

L'endroit où vivent les Inuits ne ressemble en rien à celui où vivent les Micmacs, ce qui fait que leur mode de vie est aussi très différent.

La population

En 1981, la population inuite se chiffre à 25 400 personnes, dont 8 000 habitent au Nunavik, au Québec. L'ensemble de la population inuite représente 5 % de la population autochtone du Canada.

Cette population est très jeune. Près de 60 % des Inuits ont moins de 25 ans, dont les deux tiers ont moins de 15 ans. Toutefois, les Inuits vivent moins vieux que les autres Canadiens. Seulement 2,4 % des Inuits ont plus de 65 ans. À la différence des autochtones vivant plus au sud, les Inuits se sont peu mélangés à d'autres peuples.

La Loi sur les Indiens de 1876 ne concerne pas les Inuits. Ainsi, il n'y a pas de réserves sur leur territoire. Les Inuits vivent dans des villages considérés de la même manière que les autres municipalités canadiennes. Quelques centaines d'Inuits demeurent toutefois à l'extérieur de ces communautés et conservent un mode de vie nomade.

Au Nunavik, la population est répartie dans 14 villages dispersés sur les côtes de la baie d'Ungava, du détroit d'Hudson et de la baie d'Hudson. Chacune des 14 communautés a son propre conseil de village, dirigé par un maire et des conseillers qui sont élus tous les deux ans. Kuujjuaq est la capitale administrative du Nunavik et compte un peu plus de 1000 habitants. C'est la plus importante communauté du Nunavik.

Un enfant inuit du Grand Nord canadien.

L'inuksuk est un point de repère pour les habitants de l'Arctique.

SAVAIS-TU...

Lorsque les Inuits ont rencontré les premiers Européens venus du Sud, ils ont été surpris de voir que ces hommes portaient la barbe. Ils les ont appelés *qallunat*, ce qui signifie « gros sourcils ». Aujourd'hui, les Inuits utilisent le terme *qallunat* pour désigner tous les non-autochtones, peu importe leur origine.

La ville de Kuujjuaq est située sur la rivière Koksoak, à 50 kilomètres au sud de la baie d'Ungava.

Une famille inuite vers 1980.

Au cœur de la culture

La famille

Les coutumes traditionnelles inuites placent la famille au cœur de la vie culturelle. La communauté est solidement unie. Par exemple, tous ceux qui ne peuvent pas chasser, comme les personnes âgées, les jeunes enfants et les femmes, ont droit à leur part de l'animal abattu. Chacun effectue des tâches essentielles à la survie du groupe. La sédentarisation a toutefois modifié cette vie communautaire.

La langue

La langue ancestrale des Inuits est l'inuktitut et la très grande majorité des Inuits la parlent couramment. Dans les communautés québécoises du Nunavik, l'enseignement de l'inuktitut est obligatoire à l'école jusqu'à la 3e année du primaire. L'anglais ou le français sont enseignés par la suite, selon le choix des élèves. La responsabilité de l'enseignement revient à la commission scolaire Kativik. En 1980, peu d'Inuits ont plus de neuf années de scolarité.

L'aréna de Quaqtaq.

Les croyances religieuses

Les forces spirituelles et chrétiennes

Par leurs activités de chasse traditionnelles, les Inuits entretiennent des liens puissants avec leur environnement. Ainsi, leurs croyances religieuses sont fondées sur la nature qui les entoure ; ils croient que les animaux, la végétation, la terre, l'eau, le vent ou la neige possèdent leur propre esprit. Ne pas respecter ces éléments représente un grand danger. En ce sens, les phénomènes de la nature sont pour eux des manifestations du monde des esprits.

Vers 1900, des missionnaires catholiques et protestants s'installent dans certaines communautés du Grand Nord dans le but de convertir les Inuits au christianisme. Actuellement, une majorité d'Inuits se déclarent chrétiens. Toutefois, les croyances traditionnelles persistent. Par exemple, en 1980, les Inuits donnent aux nouveau-nés le nom d'une personne récemment décédée, croyant que l'âme des morts continue de vivre.

SAVAIS-TU...

Les *arsaniit* sont des aurores boréales en inuktitut. Selon la croyance inuite, les *arsaniit* sont des esprits du ciel qui jouent dans les ténèbres de l'hiver. Pour les faire danser furieusement, il suffit de siffler très fort ! Mais attention, selon certains récits, les *arsaniit* enlèveraient les enfants qui jouent dehors trop tard le soir !

L'église de Kuujjuarapik sur la baie d'Hudson.

Les Inuits, comme les Micmacs, savent tirer profit des ressources de leur milieu. Comparons les activités économiques des deux sociétés.

Un Inuit et son enfant revenant de la pêche en kayak vers 1920.

Dans le Grand Nord, même les malades sont transportés par avion vers les hôpitaux des grands centres.

Les activités économiques

Utilise les cartes du GUIDE DE VOYAGE et l'information sur le climat et la végétation pour bien comprendre comment les Inuits subviennent à leurs besoins et tirent profit de leur milieu.

Des chasseurs émérites

Avant de devenir sédentaires, les Inuits se déplaçaient à la recherche de gibier. Le kayak, le traîneau et les chiens constituaient alors l'essentiel de leurs biens. Pour survivre, les communautés inuites chassaient les mammifères marins, surtout le phoque qu'ils tuaient à l'aide d'un harpon. La chair du phoque constituait la base de leur alimentation, la peau servait à la fabrication des vêtements de cuir, et la graisse était utilisée pour s'éclairer et se chauffer.

À cette époque, le caribou était aussi chassé pour subvenir aux besoins des familles. De nos jours, le caribou a disparu du Grand Nord et se trouve uniquement dans les régions plus au sud.

La traite des fourrures

Entre 1900 et 1950, la fourrure blanche du renard arctique est très en demande en Europe et en Amérique. Des centres de traite permettent aux Inuits d'échanger leurs fourrures contre des produits étrangers. Mais après 1950, la fourrure n'est plus en demande et les ventes diminuent considérablement.

Le défi du transport

Les industries minière et pétrolière se développent dans le Grand Nord canadien au début des années 1950. Ces industries transforment profondément la société inuite. La construction de routes s'avère toutefois difficile en raison des sols gelés en permanence. Pour rompre l'isolement des populations inuites et relier les villages nordiques aux autres régions, l'utilisation de l'avion ou du bateau est essentielle.

Le retour de la pêche au béluga en septembre à Puvirnituq.

La plupart des habitants du Grand Nord ont remplacé le traîneau à chiens par la motoneige.

Les sculptures inuites en saponite ou en serpentine (pierre verte) ont une renommée internationale.

Coopérative : entreprise créée par un groupe de personnes qui se partagent les bénéfices.

Sagmai

Une Inuite travaillant dans une coopérative d'artisanat.

Art et artisanat

Un véritable engouement pour les objets d'art et d'artisanat fabriqués par les Inuits se produit depuis les années 1950. Les artistes inuits sont nombreux à vivre de leur production. Ces activités artistiques sont une source de revenus considérables pour leurs communautés.

Le commerce

Afin de contrôler la vente et l'achat des marchandises, les Inuits ont mis sur pied des **coopératives** à partir des années 1960. Ces coopératives permettent de commercer avec le reste du pays et de contrôler la vente des œuvres d'art. Au Nunavik, 13 des 14 communautés possèdent des magasins coopératifs qui importent des denrées comme les fruits et les légumes ou encore des viandes qu'on ne trouve pas dans le Grand Nord. Les villageois se procurent ainsi divers produits qui modifient leurs habitudes alimentaires. La création d'emplois est une priorité pour ces coopératives qui sont devenues les plus grands employeurs d'autochtones.

Le tourisme

Au Québec, les communautés inuites profitent d'un programme destiné à encourager les activités traditionnelles de chasse et de pêche. L'industrie touristique se développe, soutenue par des coopératives qui offrent des services hôteliers, de restauration et des stations de villégiature. Les Inuits sont aussi engagés dans le transport aérien et l'industrie de la construction. Malgré tout, la population inuite demeure généralement pauvre.

SAVAIS-TU...

Bien avant l'invention des lunettes de soleil, les Inuits portaient des lunettes de neige. Elles protègent les yeux de la lumière éblouissante du soleil au printemps.

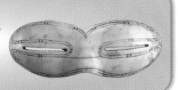

Musée canadien des civilisations 1X-C-2846, image n° S89-1832-CD94-686-011

La situation géographique joue un rôle très important dans le développement des communautés autochtones. On peut expliquer bien des différences en observant leur milieu de vie !

En bref

- Les Inuits se sont installés dans la zone arctique et subarctique du territoire canadien actuel. C'est la région la plus froide du Canada. Au Québec, les Inuits habitent le Nunavik qui représente le tiers de la superficie du territoire québécois.

- En 1980, la population du Nunavik compte 8000 habitants, répartie dans 14 villages. Cette population est très jeune. La langue des Inuits est l'inuktitut. Les croyances religieuses sont un mélange de croyances ancestrales et chrétiennes.

- Les Inuits pratiquent toujours la chasse et la pêche. L'industrie artistique et artisanale est très importante. Par l'ouverture de commerces et d'industries coopératives, les Inuits peuvent se procurer différents produits et exporter leurs propres produits. L'industrie touristique est aussi une source d'emplois.

Fais le point

Vérifie tes connaissances

Tu viens d'observer la société des Inuits vers 1980. Afin d'organiser toutes ces nouvelles connaissances, fais le point avec ton enseignante ou ton enseignant en remplissant la fiche qu'elle ou qu'il te remettra.

Discute et prends position

Les Inuits ont eu des contacts avec les Blancs beaucoup plus tard que les Micmacs et ces rencontres ont été moins fréquentes. En conséquence, il leur a été plus facile de conserver une identité unique.

En groupe

L'identité d'un groupe ou d'un peuple se manifeste par des idées et des façons de faire qui sont communes. La langue et la religion partagées par un groupe d'individus servent aussi à les identifier. Quelles sont les vôtres ? Qu'est-ce qui vous identifie en tant que Québécois et Canadien ?

Va plus loin

Les légendes et les contes amérindiens ou inuits sont fort révélateurs des croyances et des valeurs de ces peuples.

Trouve une légende ou un conte que tu pourras raconter aux élèves de ta classe.

Projet de voyage

Halte

Ce deuxième dossier traite des principales caractéristiques de la société inuite vers 1980. Quel territoire les Inuits occupent-ils ? Peux-tu relever des renseignements concernant leur population, leur langue, leur religion et leur culture ? Et qu'en est-il de leur développement économique ? Prends des notes. Tu en auras besoin pour comparer le peuple du Nord et le peuple de la mer.

Dossier 3

Les défis du nord au sud

Utilise les cartes de ton GUIDE DE VOYAGE pour te repérer et comprendre les enjeux territoriaux et économiques des nations inuite et micmaque du Québec.

Souvenirs de voyage

Au cours de tes nombreux voyages en Nouvelle-France, au Canada et au Québec, tu as rencontré plusieurs communautés. Depuis l'arrivée des autochtones, en passant par les Européens et plus récemment par des gens provenant de tous les continents, la population québécoise s'est diversifiée. En fait, le territoire québécois est une terre d'accueil depuis toujours !

Les relations entre ces différentes communautés ne sont pas toujours faciles. Des conflits naissent parfois de la volonté de chacun des groupes à vouloir protéger ses droits et ses particularités culturelles.

Nos nombreux voyages illustrent un Québec aux milles visages. Mais, des questions fondamentales demeurent : quelle est la place reconnue aux premiers habitants du territoire ? Quels sont les problèmes particuliers des autochtones vivant au Québec ?

Le Québec aux mille visages.

©Megapress

ANC C-11043

La Conquête britannique est un choc pour la population française de la vallée du Saint-Laurent.

Projet de voyage

Halte

Ce dernier dossier fait le point sur la situation dans les communautés micmaques au Québec et dans les villages inuits du Nunavik. La comparaison de leurs modes de vie permet de bien saisir les défis auxquels les Inuits et les Micmacs sont confrontés. Les renseignements que contient ce dossier t'aideront à expliquer les principales différences entre les deux sociétés.

Les peuples autochtones du Canada sont les Indiens, les Inuits et les Métis. Crois-tu que la culture de certains peuples soit menacée ?

Des enfants micmacs de Listuguj en Gaspésie en costume traditionnel.

 # Les Premières Nations

Le terme « Indien » est de moins en moins utilisé de nos jours. Les autochtones préfèrent l'appellation de « Premières Nations » pour s'identifier en tant que descendants des premiers habitants de l'Amérique du Nord.

Les trois bandes micmaques situées au Québec occupent deux réserves en Gaspésie. Les Inuits, pour leur part, ne sont pas soumis à la *Loi sur les Indiens* et sont donc considérés comme n'importe quel autre citoyen canadien. Au Québec, ils habitent 14 villages dispersés sur l'immense territoire du Nunavik.

Droits et autonomie

Un contact coûteux

Les Micmacs sont l'une des premières nations autochtones à être entrée en contact avec les Européens. Ils ont été chassés de la plus grande partie de leur territoire et ils ont été contraints de signer des traités avec les Européens.

Les Micmacs ont ainsi perdu beaucoup de leurs pouvoirs politiques et économiques. Pour pallier ces pertes, ils ont obtenu des privilèges, comme le droit de ne pas payer d'impôts. Par contre, ce droit s'applique seulement aux autochtones qui vivent dans une réserve où ils ont peu d'autonomie.

Depuis 2001, les chefs de bande des trois communautés micmaques de la Gaspésie sont unis dans un conseil tribal appelé *Mi'gmawei Mawiomi*, afin de faire reconnaître leurs droits politiques et culturels. Ils publient une revue appelée *Mi'gmawei Gespi'siq*.

Femme inuite avec son enfant. Les Micmacs et les Inuits se distinguent les uns des autres par leur histoire, leur langue et leur culture.

Les trois chefs des communautés micmaques du Québec signent ici des accords comme le veut la tradition.

L'immensité et l'éloignement du territoire inuit avantagent ses habitants qui sont plus autonomes.

L'avion est le principal moyen de transport pour atteindre les communautés inuites du Grand Nord.

La définition des frontières des terres ancestrales est au cœur des relations avec les autochtones.

L'isolement des Inuits

L'Arctique canadien étant une région difficile d'accès, les Inuits ont eu très peu de contacts avec les Européens, puis avec les Canadiens, jusqu'au milieu du 20ᵉ siècle. Ainsi, les Inuits n'ont jamais signé de traités avec les Blancs.

C'est à partir des années 1960 que les Inuits commencent à s'organiser politiquement pour faire reconnaître leurs droits. Lorsque le gouvernement du Québec a voulu aménager des centrales hydroélectriques dans le nord de la province, les Inuits ont négocié des ententes.

Ainsi, depuis 1978, l'administration du Nunavik est assumée par des Inuits, en relation avec le gouvernement québécois. Ils conservent ainsi une certaine autonomie sur les territoires qu'ils habitent depuis très longtemps.

Les droits territoriaux

Dans différentes régions du Canada, des autochtones revendiquent des droits territoriaux en s'appuyant sur les traités conclus autrefois avec les Blancs. Certaines nations veulent que le gouvernement leur reconnaisse des droits de propriété sur certaines terres incluant le droit d'y exploiter les ressources naturelles. Par exemple, des Micmacs estiment avoir le droit de couper des arbres sur des terres ancestrales appartenant au gouvernement canadien.

Utilise les cartes de ton GUIDE DE VOYAGE pour repérer le territoire traditionnel des Micmacs.

 HÉRITAGE

Des frontières imprécises

Il est difficile de déterminer avec précision les frontières des territoires que réclament les autochtones. Selon la tradition orale, le territoire des Micmacs s'étendrait sur une partie du Nouveau-Brunswick jusqu'à l'île d'Anticosti, en passant par la Gaspésie et les Îles-de-la-Madeleine. Le gouvernement canadien et les nations autochtones doivent s'en remettre aux tribunaux qui analysent les différents traités pour rendre leurs décisions.

Les problèmes économiques

Les sociétés micmaques et inuites vivent de grandes difficultés économiques. L'Arctique est un milieu au climat rude, éloigné des grands centres. Les emplois y sont peu nombreux. De même, dans les réserves des Micmacs, les entreprises sont presque inexistantes. De nombreux Micmacs doivent travailler à l'extérieur des réserves, occupant souvent des emplois saisonniers et à bas salaire.

Il règne une grande pauvreté dans les villages inuits et les réserves micmaques. Généralement, les jeunes issus de ces communautés sont moins instruits que la moyenne des Canadiens. Ils sont moins nombreux à terminer leurs études secondaires. En conséquence, ils ont un accès limité aux emplois qualifiés. Le chômage est élevé dans les communautés micmaques et inuites.

Observe les deux photos ci-dessous. Nomme une des solutions employées par les Micmacs et les Inuits pour améliorer leur situation économique.

Sculpteur de pierre à savon.

Une artisane au Centre d'interprétation de la nation micmacque de Gespeg.

© Brandon Mitchell

Les Micmacs utilisent des bateaux modernes pour la pêche.

Les revendications

Pour assurer leur développement économique, les communautés micmaques revendiquent le droit de participer au développement des richesses naturelles de leur territoire ancestral. Les droits de pêche sont au centre de leurs revendications. Cette volonté d'affirmer leurs droits aux ressources de la mer entre en conflit avec les règlements très stricts en vigueur pour la pêche commerciale. En effet, pour préserver les stocks de poissons, la pêche n'est permise que durant quelques semaines selon les espèces.

De leur côté, les Inuits s'organisent en favorisant le développement de coopératives. Ils contrôlent ainsi la vente de leurs produits, comme les œuvres artistiques et l'achat de biens provenant de l'extérieur. Comme les Micmacs, ils défendent leurs droits de chasse et de pêche sur leurs terres ancestrales.

Des cultures en danger

La religion

Les autochtones croient aux forces des esprits. Les phénomènes naturels, comme les saisons, le vent ou la neige sont des manifestations de ces esprits. Les missionnaires chrétiens, venus les convertir, vont bouleverser ces croyances, sans toutefois les faire disparaître. Vers 1980, autant les Inuits que les Micmacs pratiquent une religion où se mélangent les croyances chrétiennes et traditionnelles.

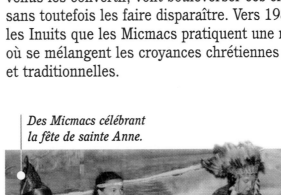

©Soleica

La coopérative de Kangiqsualujjuaq.

Des Micmacs célébrant la fête de sainte Anne.

SAVAIS-TU...

En 1999, le plus haut tribunal du Canada, la Cour suprême, a confirmé le droit des Micmacs de pêcher et de chasser toute l'année pour subvenir aux besoins des communautés.

Mi'gmawei Mawiomi

©Soleica

L'autobus scolaire transporte les enfants à l'école d'Inukjuak.

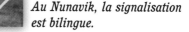
ARRÊT

Au Nunavik, la signalisation est bilingue.

La langue

Les Micmacs, comme les Inuits, ont appris d'autres langues que leur langue ancestrale. Au Québec, les différentes communautés autochtones maîtrisent le français ou l'anglais. Vivant à proximité des communautés francophones et anglophones, les Micmacs doivent faire de grands efforts pour continuer à parler leur langue. Par contre, l'isolement géographique des Inuits leur a permis de continuer à parler principalement leur langue jusqu'à aujourd'hui.

Entre traditions et modernité

La rencontre avec les Européens a bouleversé le mode de vie des peuples autochtones. Les Micmacs, puis les Inuits, ont abandonné leur mode de vie nomade. Aujourd'hui, l'impact de la modernité, avec ses nombreuses nouveautés technologiques, oblige les communautés à s'ajuster.

Les Micmacs et les Inuits s'efforcent de maintenir leurs traditions ancestrales en équilibre avec une vie moderne. Beaucoup d'efforts sont déployés afin d'assurer la transmission de leurs valeurs, de leurs langues et de leurs connaissances.

VUE D'AILLEURS

Vers 1500, le peuple quechua est le plus important de l'Empire inca. Après la conquête de son territoire par les Espagnols, ce peuple conserve malgré tout sa langue et sa culture tout en intégrant quelques coutumes européennes. Par exemple, de nombreux Quechuas pratiquent une religion où se mêlent des croyances traditionnelles et chrétiennes.

En 1975, le quechua est reconnu comme une des langues officielles du Pérou avec l'espagnol. C'est l'une des rares langues autochtones à être reconnue officiellement dans les Amériques.

Roger Pelletier

Le Centre d'interprétation de la nation micmacque de Gespeg.

En bref

- Les Micmacs ont été chassés de leur territoire ancestral et placés dans des réserves. Ils ont perdu plus de pouvoir politique que les Inuits. Ces derniers conservent une certaine autonomie sur les territoires qu'ils habitent depuis très longtemps.

- Il règne une grande pauvreté dans les villages inuits et les réserves micmaques. Les Micmacs revendiquent le droit de participer au développement des richesses naturelles de leur territoire ancestral. Les Inuits s'organisent en favorisant le développement de coopératives.

- Les Micmacs et les Inuits s'efforcent de maintenir leurs traditions ancestrales en équilibre avec une vie moderne. La religion chrétienne et l'usage des langues française et anglaise ont influencé grandement les deux sociétés. Les Inuits utilisent toutefois davantage leur langue ancestrale.

Vérifie tes connaissances

Tu viens de voir comment vivent les Inuits et les Micmacs. Leurs défis sont nombreux. Afin d'organiser toutes ces nouvelles connaissances, fais le point avec ton enseignante ou ton enseignant en remplissant la fiche qu'elle ou qu'il te remettra.

Va plus loin

L'étude de la société des Inuits et de la société des Micmacs permet d'observer la richesse culturelle de deux peuples autochtones. Outre les Inuits et les Micmacs, d'autres nations amérindiennes vivent au Québec. En t'aidant du GUIDE DE VOYAGE, cherche de l'information sur la nation amérindienne la plus près de chez toi. Partage tes découvertes avec tes camarades.

Discute et prends position

Les Micmacs et les Inuits prennent tous les moyens à leur disposition pour préserver leur mode de vie et protéger leurs intérêts. Les moyens d'action sont nombreux depuis les années 1960 afin d'y parvenir.

En groupe

1. Relevez les moyens d'action entrepris par la société micmaque et la société inuite afin d'assurer leur développement économique, politique et social depuis les années 1960.

2. Ces moyens sont-ils efficaces? Avez-vous des idées sur la façon d'améliorer les conditions de vie de ces deux sociétés? Donnez votre opinion!

Projet de voyage

Halte

Ce dernier dossier fait le point sur la situation dans les communautés micmaques au Québec et dans les villages inuits du Nunavik. Ces deux sociétés ont-elles des défis territoriaux et économiques différents? Parviennent-elles de la même façon à combiner leur mode de vie traditionnel et un mode de vie plus moderne? Peux-tu expliquer les principales différences entre les deux sociétés?

Projet de voyage

Ce voyage vous a permis de visiter les communautés micmaques de la Gaspésie et les communautés inuites du nord du Québec. Vous avez relevé de l'information géographique, économique et culturelle sur ces sociétés afin de les comparer sur les aspects suivants :

- Le territoire

- La population et la culture

- La langue et la religion

- Les activités économiques

Assurez-vous de relever les principales différences entre les deux sociétés.

C'est le moment du grand rassemblement des Inuits et des Micmacs de votre classe.

Bilan de voyage

Notre voyage chez les Micmacs et chez les Inuits se termine. C'est maintenant le temps d'en faire le bilan. Inspire-toi des renseignements contenus dans les trois dossiers de l'escale. Consulte au besoin ton GUIDE DE VOYAGE. Il te fournit des renseignements essentiels pour situer les nations autochtones du Québec et du Canada. Rappelle-toi les découvertes que tu as faites en préparant ton projet.

À l'aide de la section COMPÉTENCES POUR VOYAGER à la page 149, tu peux maintenant

- Situer les sociétés micmaque et inuite dans l'espace et dans le temps.
- Observer et comparer les caractéristiques du territoire occupé par les Micmacs à celui de des Inuits.
- Expliquer les ressemblances et les différences entre les sociétés micmaques et inuites.
- Relever les forces et les faiblesses de chacune de ces sociétés.

Discute et prends position une dernière fois

Éducation à la citoyenneté

Les escales que tu as faites dans la société québécoise de 1980, dans celle de l'Afrique du Sud et chez les Micmacs et les Inuits t'ont permis d'observer la diversité qui existe à l'intérieur même du Québec et aussi dans le monde.

Maintenant que tu connais mieux ces sociétés, il est plus facile de prendre position et de relever, en les justifiant, les forces et les faiblesses de chacune de ces sociétés.

Discute en grand groupe des forces et des faiblesses de chacune des sociétés visitées au cours de l'année et justifie tes idées.

À ton avis, quels sont les avantages de la diversité ? Pourquoi le caractère unique de chaque société doit-il être respecté ? Qu'est-ce que la diversité nous apporte ?

Donne ton opinion. Partage tes idées avec tes camarades. Sois à l'écoute des autres élèves de ta classe. Et place bien toutes ces idées dans tes valises pour tes futurs voyages !

Compétences pour voyager
dans le temps et dans l'espace

Compétence n° 1
ÉTUDIER UNE SOCIÉTÉ

Conseil n° 1
Situe la société dans l'espace et dans le temps.

Lorsque tu étudies une société, commence par la situer dans l'espace et dans le temps en te posant les questions suivantes.

■ **Où est située la société que j'étudie?** En Amérique? Au Canada? En Europe?

■ **À quel moment a-t-elle existé?** En 1820? En 1905? En 1980? En 1995?

La machine à voyager dans le temps et dans l'espace nous permet de découvrir des sociétés qui ont existé il y a longtemps ou qui se trouvent loin de nous. Pour étudier plus facilement ces sociétés très différentes les unes des autres, je te propose de suivre les quelques conseils qui suivent.

Pour t'aider à situer une société dans le temps, utilise une **ligne du temps**.

Consulte la section OUTILS POUR VOYAGER, à la page 152 pour savoir comment te servir d'une carte géographique et d'une ligne du temps.

Conseil n° 2
Observe et décris le territoire de la société.

Pour apprendre à connaître une société, il faut observer attentivement le territoire qu'elle occupe. Le territoire joue un grand rôle dans la vie des gens. Il influence la façon dont les hommes et les femmes vivent sur ce territoire. Pose-toi les questions suivantes.

Pour t'aider à situer une société dans l'espace, utilise des **cartes géographiques**.

■ **Qu'est-ce que je vois quand j'observe le territoire?** Est-ce un grand ou un petit territoire? Quel relief présente-t-il? Y a-t-il des cours d'eau?

■ **Quels sont les atouts du territoire pour les gens qui y vivent?** Qu'est-ce qui rend leur vie facile ou agréable? Le sol est-il fertile? Le climat est-il tempéré? Le territoire offre-t-il des ressources naturelles?

■ **Quelles sont les contraintes du territoire?** Qu'est-ce qui rend la vie des gens plus difficile, désagréable ou même impossible? Fait-il trop chaud? Trop froid?

Pour t'aider, voici cinq éléments à observer lorsque tu visites un territoire nouveau.

Relief

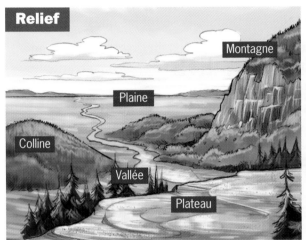

Montagne
Plaine
Colline
Vallée
Plateau

Hydrographie

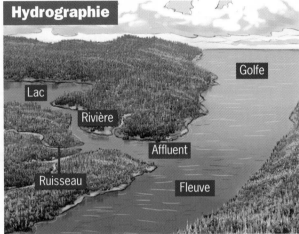

Golfe
Lac
Rivière
Affluent
Ruisseau
Fleuve

Climat

Faune

Végétation

Les forêts ne sont pas toutes pareilles. Regarde celle-ci. On y trouve surtout des sapins.

Conseil n° 3
Observe et décris la société.

Pour apprendre à connaître une société, il faut savoir observer et décrire comment elle fonctionne. Pose-toi les questions suivantes.

- **Qui prend les décisions ?** Y a-t-il des dirigeants ? Est-ce que ces dirigeants sont des reines ou des rois ? Des gouverneurs ? Des femmes ou des hommes ? Comment sont-ils choisis ?

- **Quelles sont les activités économiques importantes ?** Le commerce des fourrures ? L'agriculture ? La fabrication du métal ? La chasse ? Le commerce du bois ? Le troc ?

- **Quels sont les principaux outils et techniques utilisés par les gens ?** La hache ? L'ordinateur ? L'imprimerie ? Les chaudrons ?

- **Quels sont les principaux moyens de communication et de transport ?** Le canot ? L'avion ? La bicyclette ? Le téléphone ?

- **À quoi ressemble la vie quotidienne des hommes et des femmes ?** Vivent-ils à la ville ou à la campagne ? Quelle langue parlent-ils ? Quelle religion pratiquent-ils ? Mangent-ils de la viande ? Jouent-ils au hockey ? Comment vivent-ils ? Sont-ils nombreux ? Se sont-ils adaptés à leur territoire ? Sont-ils nomades ou sédentaires ?

Pour t'aider, voici les cinq éléments importants d'une société que tu peux observer et décrire.

Réalités politiques

Les décisions politiques sont prises au Parlement canadien et aux Assemblées législatives de chaque province par des députés élus par le peuple.

Activités économiques

La pêche, la sidérurgie, l'agriculture et le commerce du bois occupent toujours une place importante dans l'économie du Québec, aux côtés de la production d'électricité, des nouvelles technologies, de l'aéronautique, etc.

Hydro-Québec

Techniques et outils

Aujourd'hui, on cuisine les aliments sur des cuisinières électriques ou au gaz naturel, ou encore dans des fours à micro-ondes.

Transport et communication

Des cargos naviguent sans encombre sur la voie maritime du Saint-Laurent, du golfe du Saint-Laurent jusqu'aux Grands Lacs.

ANC PA-136706

Mode de vie et culture

©M.Rosevear

Aujourd'hui, les gens s'approvisionnent généralement dans des supermarchés et ont accès à des produits provenant des quatre coins du monde.

Conseil n° 4
Identifie les personnages et les événements importants.

Dans une société, il y a toujours des personnages importants. Il y a aussi des événements marquants qui font changer la société. Quand tu observes une société, pose-toi les questions suivantes.

- **Quels sont les personnages importants ?** Un roi ou une reine ? Un Premier ministre ? Les religieux et les religieuses ? Des chefs d'entreprises ? Des artistes ? Comment ces personnages influencent-ils la vie des gens ?

- **Quels sont les événements importants ?** Des guerres ? Des révolutions ? L'arrivée des femmes sur le marché du travail ? Une sonde envoyée sur Mars ?

BNQ

Dans les années 1960, le Premier ministre Jean Lesage et son gouvernement ont instauré deux changements majeurs : l'école obligatoire et gratuite jusqu'à 16 ans, et la prise en charge des frais d'hospitalisation des patients.

Compétence n° 2
ÉTUDIER L'ÉVOLUTION D'UNE SOCIÉTÉ

En observant une société à deux moments différents, tu peux comprendre comment elle change au fil du temps. Par exemple, la société québécoise dans laquelle vivait tes arrière-arrière-grands-parents n'était pas la même que celle d'aujourd'hui : il n'y avait ni électricité ni téléphone. L'avion venait tout juste d'être inventé et, évidemment, l'ordinateur n'existait pas encore ! Pour étudier l'évolution d'une société au cours d'une période de temps, voici quelques conseils.

Conseil n° 1
Situe la société dans l'espace et dans le temps.

Lorsque tu étudies une société, commence toujours par la situer dans l'espace et dans le temps en te posant les questions suivantes.

- **Où est située la société que j'étudie ?** En Amérique ? Au Canada ? En Europe ?
- **À quel moment a-t-elle existé ?** En 1820 ? Entre 1905 et 1980 ? En 1995 ?

Pour t'aider à situer une société dans l'espace, utilise des **cartes géographiques**.

Pour t'aider à situer une société dans le temps, utilise une **ligne du temps**.

Consulte la section Outils pour voyager, à la page 152 pour savoir comment te servir d'une carte géographique et d'une ligne du temps.

Conseil n° 2
Observe et compare les caractéristiques du territoire.

Pour apprendre à connaître une société, il faut observer attentivement le territoire qu'elle occupe et se demander si ce territoire a changé entre le début et la fin de la période étudiée. Pose-toi les questions suivantes.

- **Le territoire a-t-il changé entre le début et la fin de la période?** Est-il plus vaste ou plus petit? Les gens ont-ils aménagé leur territoire pour y vivre plus facilement?

Le territoire québécois en 1900

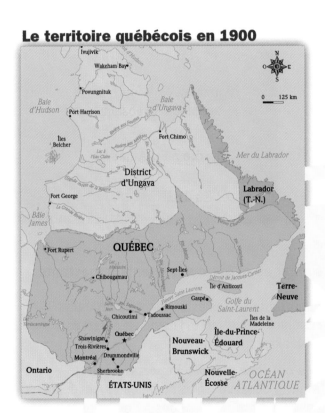

Le territoire québécois en 1980

Conseil n° 3
Observe et compare les principales caractéristiques de la société.

Les gens évoluent et changent parce qu'ils vivent des événements importants et parce qu'ils sont influencés par certaines personnes. Pour t'aider à identifier les changements d'une société, pose-toi les questions suivantes.

- **À la fin de la période étudiée, quels changements marquants sont survenus dans la société ?** Les gens vivent-ils de la même manière qu'au début de la période ? Sont-ils plus nombreux ou moins nombreux ? Parlent-ils la même langue ? Utilisent-ils les mêmes moyens de transport ou de communication ?

Une classe en 1940.

Une classe en 1979.

Conseil n° 4
Identifie les personnages et les événements importants.

Des personnages importants et des événements marquants contribuent à faire évoluer une société. Quand tu observes une société, pose-toi les questions suivantes.

- **Quels personnages ont joué un rôle important dans les changements que j'observe ?** Des hommes ou des femmes politiques ? Des commerçants ? Des colons ? **Pourquoi ?**

- **Quels événements ont joué un rôle important dans les changements que j'observe ?** Des guerres ? La croissance des villes ? L'arrivée de l'électricité dans les maisons ? L'arrivée d'immigrants ? **Pourquoi ?**

Avant les années 1960, les membres du clergé jouent un rôle très important dans la société.

Les principaux artisans de la Révolution tranquille, le premier ministre Jean Lesage, accompagné de René Lévesque et de Paul Gérin-Lajoie.

Compétence n° 3
ÉTUDIER LES DIFFÉRENCES ENTRE DEUX SOCIÉTÉS

Lorsqu'on étudie les différences entre deux sociétés qui ont existé dans des lieux différents, il faut regarder à quel moment et sur quel territoire ces sociétés vivent. On doit aussi regarder comment elles s'organisent. De plus, il est important d'examiner les façons de vivre des gens pour voir ce qui est semblable ou différent. Pour observer les différences entre deux sociétés, voici quelques conseils.

Conseil n° 1
Situe les sociétés que tu étudies dans l'espace et dans le temps.

Commence toujours par situer les deux sociétés que tu étudies dans l'espace et dans le temps en te posant les questions suivantes.

- **Où sont situées les sociétés que j'étudie ?** En Amérique ? Au Canada ? En Europe ?

- **À quel moment ont-elles existé ?** En 1820 ? En 1905 ? En 1980 ? En 1995 ?

Pour t'aider à situer une société dans le temps, utilise une **ligne du temps**.

Pour t'aider à situer une société dans l'espace, utilise des **cartes géographiques**.

Consulte la section OUTILS POUR VOYAGER, à la page 152 pour savoir comment te servir d'une carte géographique et d'une ligne du temps.

Conseil n° 2
Observe et compare les caractéristiques
de chacun des territoires.

Il faut examiner les territoires des sociétés étudiées pour voir ce qui est semblable et ce qui est différent. Souviens-toi que le territoire joue un grand rôle dans la vie des gens. Pose-toi les questions suivantes.

- **Comment sont les territoires où vivent les deux sociétés?** Sont-ils vastes ou petits? Sont-ils montagneux? Sont-ils fertiles? Qu'est-ce qui est différent? Qu'est-ce qui est semblable?

- **Quels sont les atouts du territoire pour les gens qui y vivent?** Qu'est-ce qui rend leur vie facile ou agréable? Est-ce pareil pour les deux sociétés?

- **Quelles sont les contraintes du territoire?** Qu'est-ce qui rend la vie des gens plus difficile, désagréable ou même impossible? Est-ce pareil pour les deux sociétés?

La position géographique de l'Afrique du Sud, à la jonction de l'océan Atlantique et de l'océan Indien, favorise le développement d'installations portuaires importantes.

L'ouverture de la voie maritime du Saint-Laurent fait du fleuve Saint-Laurent la principale route du transport international des marchandises au Canada.

ANC PA-136706

Au Québec, les enfants de toutes origines peuvent jouer ensemble librement.

Conseil n° 3
Explique les ressemblances et les différences entre deux sociétés.

Deux sociétés différentes peuvent avoir de grandes ressemblances mais aussi de grandes différences. Pour trouver les raisons qui expliquent pourquoi la vie des gens n'est pas pareille partout, pose-toi les questions suivantes.

- **Qu'est-ce qui est pareil? Pourquoi?** Par exemple, les populations d'Afrique du Sud et du Québec sont composées de gens de toutes races.

- **Qu'est-ce qui est différent? Pourquoi?** Par exemple, jusqu'au début des années 1980, en Afrique du Sud, les Noirs ne pouvaient se déplacer en territoire blanc sans un laissez-passer. Au Québec, les gens de toutes races se partagent le territoire.

En Afrique du Sud, un laissez-passer était nécessaire aux Noirs pour circuler en territoire blanc.

Conseil n° 4
Identifie les forces et les faiblesses de chacune des sociétés.

Pour relier la côte du Pacifique à l'est du pays par le chemin de fer, on a dû construire des ponts gigantesques.

Pour survivre, les sociétés doivent s'adapter. Si elles ne s'adaptent pas ou s'organisent mal, elles s'affaiblissent et peuvent même disparaître. Pour connaître les forces et les faiblesses des sociétés que tu étudies, pose-toi les questions suivantes.

- **Les gens ont-ils été obligés de transformer leur territoire? Pourquoi? Comment? Se sont-ils adaptés?** Par exemple, un chemin de fer et des ponts gigantesques ont été construits pour relier la côte du Pacifique à l'est du pays.

- **La société était-elle bien organisée? Pourquoi? Comment?** Par exemple, la plupart des sociétés s'organisent en mettant sur pied une armée pour défendre leur territoire.

Outils pour voyager
dans le temps et dans l'espace

La ligne du temps

Le temps englobe à la fois le passé, le présent et le futur. On ne peut ni le voir ni le toucher, mais on peut le représenter. Tu connais déjà la montre ou le calendrier. Voici un outil essentiel pour ton voyage dans le temps : la ligne du temps.

La ligne du temps ressemble à une règle graduée. Elle sert à mesurer le temps écoulé entre deux ou plusieurs événements. La ligne du temps permet de situer les événements les uns par rapport aux autres.

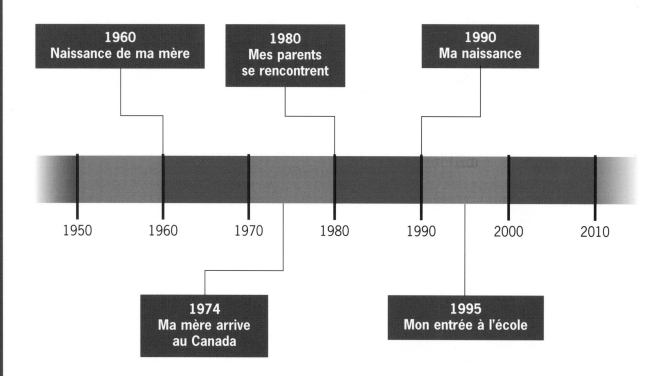

1960
Naissance de ma mère

1980
Mes parents se rencontrent

1990
Ma naissance

1950   1960   1970   1980   1990   2000   2010

1974
Ma mère arrive au Canada

1995
Mon entrée à l'école

Ordre chronologique : classement des événements selon leur date.

Sur la ligne du temps, les événements sont disposés dans l'**ordre chronologique**. Les plus anciens sont placés à gauche et les plus récents, à droite.

Une ligne du temps peut représenter une période de temps plus ou moins longue : une semaine, une année, une **décennie**, un **siècle** ou un **millénaire**. Chaque période est divisée en intervalles réguliers. Elle permet d'évaluer le temps qui s'est écoulé entre deux ou plusieurs événements.

Décennie :
période de 10 ans.

Siècle :
période de 100 ans.

Millénaire :
période de 1000 ans.

Ligne du temps par décennies

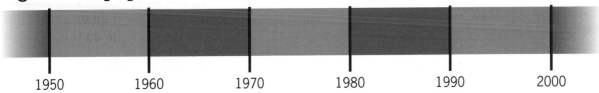

1950 1960 1970 1980 1990 2000

Ligne du temps par siècles

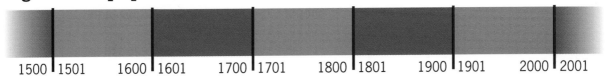

1500 1501 1600 1601 1700 1701 1800 1801 1900 1901 2000 2001

Ligne du temps par millénaires

–1 1 1000 1001 2000 2001 3000 3001

Les intervalles sur une ligne du temps sont toujours égaux, comme les intervalles entre les heures sur une montre.

Le climatogramme

Les graphiques servent à illustrer les variations de divers phénomènes, par exemple la population, l'économie ou la température. Ce sont des représentations visuelles réalisées avec des lignes ou des dessins.

Le climatogramme

La météorologie est la science qui étudie les phénomènes atmosphériques tels que la température, les **précipitations** et les vents. Le climatogramme est un graphique qui représente les variations climatiques mesurées à différents moments et à un endroit donné.

Dans ces climatogrammes, les douze lettres inscrites au bas du graphique correspondent aux douze mois de l'année.

Les colonnes en bleu et en jaune représentent le total des précipitations pour chaque mois.

Enfin, les points reliés par une ligne forment une courbe qui indique la température moyenne de chaque mois.

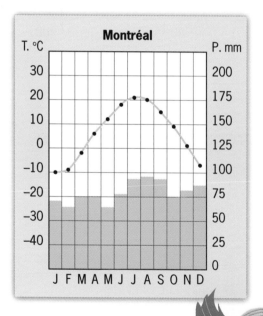

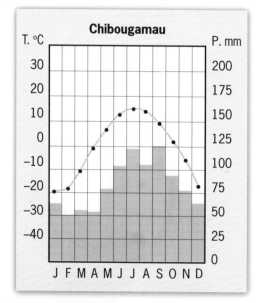

La rose des vents

La rose des vents a la forme d'une étoile. Ses branches indiquent les quatre points cardinaux : le nord, le sud, l'est et l'ouest.

Le matin, le soleil se lève à l'est. À midi, il est au sud, tout en haut dans le ciel. Le soir, il se couche à l'ouest. Tu ne le verras jamais au nord.

Le nord est toujours placé en haut de la rose des vents, l'est se trouve à droite, l'ouest à gauche et le sud, en bas. Avec la rose des vents, il est possible d'indiquer une direction sur une carte ou de situer un lieu par rapport à un autre.

Les points intermédiaires sont situés entre les points cardinaux. Ce sont le nord-est (NE), le nord-ouest (NO), le sud-est (SE) et le sud-ouest (SO).

Si tu veux être capable de te diriger, il est important de connaître les quatre points cardinaux.

La carte géographique et l'atlas

La carte géographique est un outil précieux. Elle permet de situer et de représenter différents endroits.

Une carte peut représenter de grandes superficies, comme un continent ou un pays, ou de plus petites, comme une ville ou un quartier.

On n'a pas toujours l'espace nécessaire pour tout inscrire sur une carte géographique. On utilise alors un ensemble de symboles et de couleurs. Ces symboles peuvent avoir une signification différente d'une carte à l'autre. C'est pourquoi on donne l'explication des symboles et des couleurs utilisés dans un encadré placé dans un coin de la carte. C'est la légende.

Les cartes comportent en général une échelle graphique. Cette échelle graphique indique le rapport entre la distance sur la carte et la distance réelle sur le terrain.

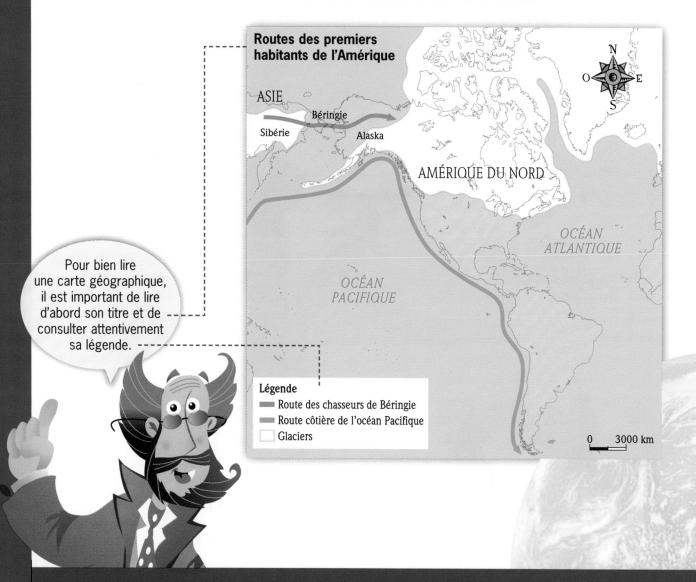

Pour bien lire une carte géographique, il est important de lire d'abord son titre et de consulter attentivement sa légende.

Routes des premiers habitants de l'Amérique

ASIE

Béringie

Sibérie

Alaska

AMÉRIQUE DU NORD

OCÉAN ATLANTIQUE

OCÉAN PACIFIQUE

Légende
- Route des chasseurs de Béringie
- Route côtière de l'océan Pacifique
- Glaciers

0   3000 km

L'atlas géographique

L'atlas géographique est un livre composé de cartes
géographiques. Il est parfois nécessaire de consulter plus
d'une carte pour bien comprendre les caractéristiques d'un pays
ou d'un continent. L'atlas, qui contient de nombreuses cartes,
est un outil précieux qui permet de mieux expliquer
les différentes réalités géographiques.

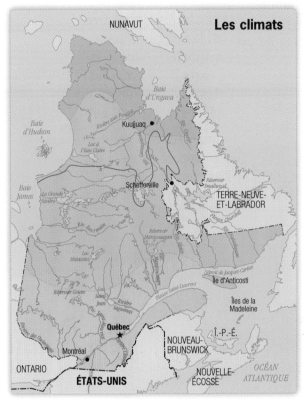

Les climats

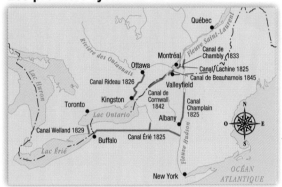

Les premiers systèmes de canaux

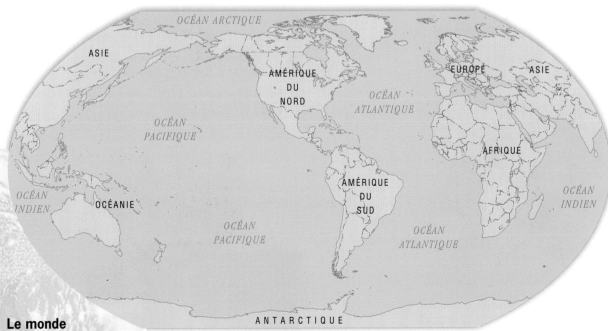

Le monde

Lecture et compréhension de documents iconographiques

Lorsque tu regardes un document iconographique comme une illustration, une photo, un extrait de revue ou de journal, tu peux y trouver une foule d'informations. C'est pour cela que l'on dit qu'une image vaut mille mots.

Pour trouver de l'information d'ordre géographique dans un document, pose-toi les questions suivantes :

- Quel est le titre?
- Que dit la légende?
- Est-ce que je connais cette région?
- Quel en est le relief? le climat? la végétation?

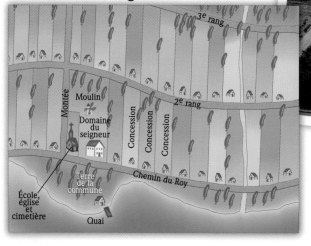

Territoire d'une seigneurie

Pour trouver de l'information d'ordre historique dans un document, pose-toi les questions suivantes :

- Quel est le titre?
- À quelle époque cette scène se passe-t-elle?
- Que dit la légende?

Le catalogue des magasins Simpson en 1899.

Glossaire

Afrikaans :
langue originaire du sud de
la Hollande, à laquelle se sont
ajoutés des éléments de français,
d'anglais, d'allemand et de
certains dialectes africains.

Aïeul :
ancêtre.

Alliés :
France, Royaume-Uni et
ses colonies (dont le Canada),
Russie, Japon et États-Unis.

Analphabète :
personne qui ne sait ni lire
ni écrire.

ANC :
signifie *African National Congress*
en anglais et Congrès national
africain en français.

Ancestral :
qui date du temps de nos
ancêtres, plus vieux que les
grands-parents.

Assumer :
prendre en charge.

Aurore boréale :
phénomène lumineux dans le ciel
des régions nordiques.

Bourse :
endroit ou les gens d'affaires
se réunissent pour vendre
et acheter des actions.

Charte :
loi ou règle fondamentale
qui protège des droits.

Combustible :
matière que l'on brûle
pour produire de la chaleur
et de l'énergie.

Coopérative :
entreprise créée par un groupe
de personnes qui se partagent
les bénéfices.

Cosmopolite :
qui comprend des personnes
originaires de plusieurs pays.

Décennie :
période de 10 ans.

Décimer :
faire mourir un grand nombre
de personnes.

Discrimination :
fait de distinguer un groupe ou
une personne des autres en le
traitant différemment, en lui
donnant un statut inférieur.

**Droits et libertés
intrinsèques :**
qui appartiennent à l'être humain.

Empires centraux :
Allemagne, Autriche-Hongrie
et Empire ottoman (Turquie,
Bulgarie).

Enclavé :
complètement entouré.

Escarpement :
pente raide.

Ferme de subsistance :
ferme qui permet de faire vivre
une famille.

Jonction :
point de rencontre.

Laïciser :
rendre laïque, enlever le caractère
religieux. Un laïque est une
personne qui n'est ni prêtre ni
religieux. Dans une école laïque,
on n'enseigne aucune religion.

Lemming :
petit animal rongeur des régions
froides.

Littoral :
le bord de la mer, la côte,
le rivage.

Manganèse :
métal très dur, utilisé pour
fabriquer des aciers spéciaux.

Maraîchère (culture) :
culture des légumes.

Millénaire :
période de 1000 ans.

Omble :
truite.

Ordre chronologique :
classement des événements
selon leur date.

Orthodoxe :
religion chrétienne d'Orient,
proche du catholicisme,
mais qui ne reconnaît pas
l'autorité du pape.

Péninsule :
une grande presqu'île,
une région presque entièrement
entourée d'eau. La Gaspésie
est une péninsule.

Pergélisol :
sol des régions froides gelé
en permanence à une certaine
profondeur.

Pomoculture :
culture du pommier.

Préambule :
introduction, entrée en matière.

Précipitations :
chute d'eau sous forme liquide
(pluie, brouillard) ou solide
(neige, grêle).

Prépondérant :
qui a une importance supérieure.

Québécisme :
fait de langue propre au français
parlé au Québec.

Réserve :
territoire attribué aux Amérindiens
par le gouvernement du Canada.

Secte :
groupe ayant ses croyances
religieuses particulières.

Siècle :
période de 100 ans.

Souveraineté :
caractère d'un État qui n'est pas
soumis à l'autorité d'un autre État.

Tranchée :
trou long et étroit creusé
dans le sol pour se protéger
des attaques de l'ennemi.

Us et coutumes :
habitudes.

Démarche de recherche
pour réaliser un projet

Voici un aide-mémoire qui t'aidera à relever tous les défis
qui te seront lancés au cours du voyage. Cet aide-mémoire
t'indique les étapes à suivre pour réaliser les projets
de voyage qui te seront proposés.

Préparation

1. **Je prends connaissance du projet**
- Je décris le projet dans mes mots.
- Je fais l'inventaire de ce que je sais déjà.

2. **Je m'interroge et je me questionne**
- Je détermine les différents aspects du projet.
- Je choisis les aspects sur lesquels je veux travailler.

3. **Je planifie le projet**
- Je fais un plan de travail, je partage les tâches
  avec mes camarades.
- Je trouve des sources de documentation.

Réalisation

4. **Je recueille de l'information**
- Je cherche des renseignements utiles au projet ;
  je prends des notes.
- Je classe mes renseignements (par thèmes,
  par importance) et je les compare.
- Je mets de côté les renseignements inutiles.

5. **J'organise mes découvertes**
- Je choisis un moyen pour présenter
  mes découvertes.
- Je décide des points les plus importants
  à présenter.

Intégration

6. **Je communique et je partage mes découvertes**
- Je présente mes découvertes dans une production.